項到

아미타탱화

경성 웅평납
일본에게 나나를 바친다

저것?
윤회는 모순 덩어리를 경계하고

이것?
보지 못하는 것과
듣지 못하는 것을
경계하고

그것?
자신의 중심을 향해
열린 것을
경계하자

우리는 생활 속에서 과거, 현재, 미래....
모습의 주인임을 발견합니다.
*감사합니다.
*덕분입니다.

진주석암역사문화재단
재단이사장 석 암

차례

조선을 사랑하는 사람이...

"모든 인간은 날 때부터 자유롭고 존엄과 권위에 있어. 평등*합니다." 세계 인권 선언문의 첫 구절입니다.

'권리, 의무, 자격 등이 차별 없이 고르며 한결 같음, 인간의 정치·경제·사회적인 모든 종류의 차별 대우에 반대하는 그리스의 스토아(stoa)학파**에서 시작됨'이라고 밝히고 있습니다. 그러나 인권의 대명사와 같은 단어 평등은 그 보다 앞서 석가모니. 부처님에 의해 실천되고. 설해졌습니다. 평등은 범어 samata의 번역입니다.

온갖 것의 공허함을 깨달으면 사물은 본래 나고 멸함이 없음을 알게 되어 마음 자체가 스스로 만족해지므로 몸과 마음을 분별하여 보지 않게 되고, 적멸·평등·구경·진실의 경지에 머물러 물러남이 없게 될 것입니다. 엄격한 카스트 제도***에 대한 인간의 귀천은 오직 그 행위에 의해서만 결정될 뿐이라며 카스트 제도를 부정하고 평등을 강조하신 부처님이십니다.

그 예는 이발사 우파리에 관한 일화에서 잘 드러납니다.

부처님의 사촌동생인 일곱 왕자들은 승단에 귀의하고자 이발사 우팔리에게서 머리를 깎습니다. 그 모습을 부러움 속에 지켜보던 우파리는 부지런히 그 뒤를 따랐고 오히려 왕자보다 앞서 부처님의 제자가 된

---

*평등심 : 모든 것에 차별을 두지 아니하고 한결같이 사랑하는 마음.
**스토아학파 : 기원전 30세기 제논에서 기원후 2세기까지 이어진 로마 철학의 한 학파.
***카스트 제도 : 고대 인도부터 시작된 전통적 사회계급.

입장이었습니다. 일곱 왕자들이 스님들께 예를 올리다가 우파리 앞에서 절을 멈추자 부처님께서는 인간의 신분과 인격은 종성에 의해 결정되지 않음을 강조하며 꾸지람을 내리십니다. "여러 강이 있어 각기 다른 이름으로 불리우나 그 강물이 바다에 이르고 나면 그 전의 이름은 없어지고 오직 바다라고 일컬어집니다. 마찬가지로 네 계급도 법과 율에 따라 발심출가하여 불법에 이르면 이전의 계급 대신 오직 중이라고 불린다." 이와 같이 평등심으로 섭수하고 절복하신 부처님의 따사로운 음성. 앞에 우리는 고개 숙여 예경하게 됩니다.

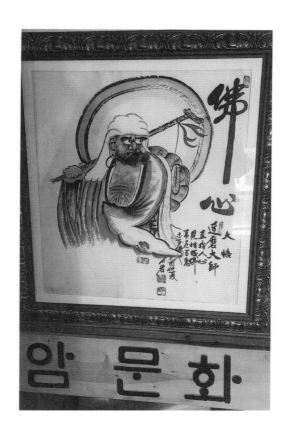

압제와 속박으로부터 벗어난 상태를 자유라고. 합니다. "자유화의 물결속에 독재의 물결속에 독재의 시대는 갔다." 든가, '나는 이제 자유롭고 싶다."는 등 모두 얽매임을 떠나 막힘이 없고 걸림이 없는 상태를 이르는 말입니다.

'자유 경제*라든가 '자유 무역**과 같은 것은 국가권력의 예속을 받지 않는 것을 뜻합니다. 자유하면 평등을 떠올리듯, 자유는 서구의 개념이라는 것이 우리의 자연스러운 생각입니다. 그러나 자유 역시 불교에서 나온 불교용어입니다. 온갖 부처님들께서는 끝 없고 막힘 없는 코가 있으셔서 자유의 피안에 이르십니다. 무엇에도 의지하지 않고 그 자체로서 존재하는 것, 독립 자존의 상태, 이를 자유라고 봅니다. 자유와 같은 개념으로 '자재'나 '무애'가있습니다. 두 용어 모두 자유롭지 않음이 없고 장애될 것이 없다는 말입니다. 불교에서는 부처님을 자재인이라고도 하는데 이는 '자유인'이라는 의미를 담고 있습니다.

---

*자유경제(自由經濟) : 경제활동을 나라에서 통제하지 아니하는 자유경쟁의 경제체계

**자유무역(自由貿易) : 국가가 외국 무역에 아무런 간섭이나 보호를 하지 아니하고 관세도 메기지 아니하며 각 개인의 자유에 맡겨 하는 무역.

남에게 음식을 구걸하는 일, 음식을 얻어먹는 일 그것이 걸식입니다. 우리나라에도 가난하던 시절 깡통을 들고 걸식을 하던 거지들이 무리지어 모여살던 때가 있었습니다 . 이젠 걸식하는 모습을 보기가 흔한 일이 아닌 것이 되었죠. 그래도 여전히 각설이 타령은 남아 있어 흥을 돋우기엔 그만입니다. 걸식이란 'painda-pata'에서 나온 말이며 '음식을 주는것'이란 뜻인데 '음식을 구하는 것'으로 굳어지게 되었습니다.

인도에서는 불교 이전의 시기부터 자랄 때는 스승 밑에서 공부를 배우며 걸식수행을 하고 혼인 뒤에는 직업을 갖고 가정생활을 하며 걸식하는 이들에게 음식을 배풀 의무가 있었습니다. 그 시기를 마치면 숲에 머무르며 수행을하고, 4단계 유행기에는 모든 집착을 떠나 각지로. 배움을 찾아 다니게 됩니다. 이 시기 역시 걸식으로 먹는 문제를 해결해야 합니다. 불교에서 받아들였던 것입니다. 남방불교*에서는 지금까지도 스님들에게 음식을 베푸는 것이 사회적인 관례입니다.

걸식에는 열 가지 이익이 있다고 합니다. 생명을 유지하며, 삼보에 머물게 하며, 자비심을 내게 하고, 부처님의 교행을 따르게 합니다. 또 교만한 마음을 깨뜨리고, 베푸는 선근에 감동하며, 걸식의 모습을 보

---

*남방불교(南方佛教) : 동남아시아의 불교 아소카왕 이후 남인도 등지에 전파되어 있
　　　　　는 소승불교이다.
法道 : −법률을 지켜야 할 도리
　　　−부처님의 가르침

고 선근심을 내고 남녀대소의 모든 연이 소멸되며, 차례로 걸식하므로 평등심을 내게 된다는 것입니다.

부처님께서 걸식하는 데 꼭 지켜야 할 네 가지를 당부하였습니다. (1)심신을 바르게 하여 바른 계에 머무를 것, (2)용모를 바르게 하여 위의를 지켜서 보는 이가 공경하고 신심을 일으키게 할것, (3) 부처님이 가르켜 준 법도에 맞게 할 것이며 다섯 가지 부정을 여일것, (4)육신은 고의 근원이며 음식을 먹는 것은 몸을 유지하며 수행을 위한 것으로 알 것. 우리나라에서도 걸식수행을 한 바 있었으나. 지금은 사회적 현실을 고려해 종단 차원에서 금하게 되었습니다.

백팔번뇌는 중생이 가지고 있는 온갖 번뇌를 108가지로. 열거한 것을 말합니다. 원래 108이란 많다는 뜻으로 쓰여졌던 숫자입니다. 그러나 불교의 교리심화와 함께 108번뇌의 산출법이 뚜렷하게 생겨나게 되었습니다. 그 세는 법에는 여러 가지가 있으나 두가지 설이 널리 채택되고 있습니다. 첫째는 눈·귀·코·혀·몸. 뜻의 육근과 이육근의 대사미 되는 색깔·소리·냄새·맛·감각·법의 육진이 서로 작용하여 일어나는 갖가지 번뇌에 대한 산출법입니다. 육근이 육진을 접촉 할 때가 좋고 나쁘고 좋지도 싫지도 않은 세 가지 인식작용을 하게 되는데 이것이 곧 3×6=18의 십팔번뇌가 됩니다. 또 이 호·오·평등에 의거하여 즐겁고 기쁜 마음이 생기거나 괴롭고 언짢은 마음이 생기거나, 즐겁지도 괴롭지도 않은 상태가 생기기도 합니다. 이 고·낙·사수의 삼수를 육식에 곱하면 역시 십팔번뇌가 성립됩니다. 이와 같은 36종의 번뇌에 전생·금생·내생의 3세를 곱하면 108이 되어 백팔번뇌의 숫자를 얻게 된다는 것이 일반적인 풀이입니다.

두번째의 산출법은 어떻게 수행을 해서 번뇌를 원천적으로 제거할 것인가 하는 수행 실천의 문제를 잘 풀이해 주고 있습니다. 이것은 사고의 영역과 실천의 영역에 속하는 번뇌를 근거로 하는 산출법입니다. 곧 견혹인 88사, 번뇌와 수혹인 10혹, 번뇌에다 10전의 번뇌를 더하여

얻는 백팔번뇌* 설 입니다

견혹이란 사고·지식·인식 작용에 바탕을 둔 번뇌를 뜻합니다. 여기서의 견은 지혜에 의해 얻어진 지식적인 내용을 뜻하며. 혹은 번뇌의 다른 이름으로서 지혜로 제거할 수 있는 번뇌, 올바른 지혜를 가로막는 번뇌란 뜻으로 지어진 이름입니다. 다시 말하면 지금 가지고 있는 소견이 잘못된 것인 줄만 깨달으면 곧 없어지는 번뇌이며 보기만 바로 보아도 곧 해탈이 된다는 뜻을 가진 번뇌입니다.

수혹은 정서적·의지적·충동적 번뇌로서 그 번뇌의 성질이나 내용을 알았다고 해서 곧 바뀌어지지 않는 것이 번뇌입니다. 돈이나 명예나 이성에 대한 탐욕이 바람직하지 못한 줄도 알고, 시기나 질투가 나쁜줄 알면서도 그러한 심리작용이나 습관이 일시에 제거 되지 않는 것과 같습니다. 그러므로 표면상으로는 견혹이 강력한 영향력을 행사하는 반면, 수혹은 정신의 이면에 깊은 뿌리를 내리고 인간의 생을 이끌어가는 번뇌로서 좀처럼 끊어지지 않는 성격을 가지고 있습니다. 이 견혹의 88가지와 수혹의 10가지 번뇌에 탐심과 진심과 치심의 근본 번뇌에서 일어나는 10가지 부수적인 번뇌를 더하여 백팔번뇌가 되는 것입니다.

---

*백팔번뇌(百八煩惱) : 불교에서 108가지로 분류한 중생의 번뇌.

자기가 저지른 일의 과보를 다시금 자기가 받는 일을 말합니다. 스스로가 지은 선과 악의 업은 반드시 스스로가 받게 되는 인과 응보의 법칙을 이르는 말이 바로 자업자득입니다 . 비슷하게 사용되는 불교용어로 '자승자박*'이 있습니다. 자기가 만든 줄로 자기 자신을 옭아매듯이 말과 행동을 잘못 함으로서 스스로 옭혀 들어간다는 뜻입니다. 업이란 말은 '전생의 업 때문'이라든지 '자업자득'이란 의미 때문에 다분히 부정적이고 숙명적인 이미지를 주는 듯하지만, 본래 범어 'karman'의 번역이며 '행위'라는 뜻입니다. 업은 과거·현재·미래에 걸쳐 작용된다고 하는데 이 업으로부터 윤회 사상이 발달되었습니다. 선악의 업을 지으면 그것에 의해 즐겁고 고통스러운 과보**가 생깁니다.

이를 업인에 의해 업과가 생긴다고 합니다. 업이 삼세에 걸쳐 실재하므로 업이 현세에 있을때 이것이 원인이 되어서 어떠한 미래의 결과가 될 것인가가 결정되고, 과거세에 지은 업의 결과가 현제에서 나타납니다. 따라서 누구나 선행을 애써 쌓으러 하기 마련입니다. 그런 의미에서 '업'이 선을 권하는 적극적인 행위인 것입니다. 업의 결과를 이끄는 힘을 '업력'업에 의한 괴로운 갚음을 업고, 악업으로 인하여 생긴 장애를 '업장'이라고 합니다. 지옥에서 중생의 선악에 대한 업을 비치는 업

---

*자승자박(自繩自縛) : 자기가 만든 새끼줄로 자기 자신을 묶음.
**과보(果報) : 앞서 행동했던 선한 행위에 의해 낙과를 받고 악한 행위에 의해 고과를 받는다는 사상.

경, 과거생에 지은 업을 숙업, 또 그물처럼 사람을 잡아 미혹한 세계에 머물게 함을 업망이라 합니다.

자기가 지은 업의 갚음을 자기가 받지 않으면 안되는 이치, 그것이 자업자득입니다. 선업을 쌓아 좋은 과보를 얻는 긍정적 이미지 '자업자득'을 이루어 봅시다. 모두.

진주산성

범어anatman의 번역입니다. 비아라 번역하기도 합니다. 영원히 변하지 않고 독립적으로 자체자로서 지배적인 능력을 지닌 주체로 생각되는 본체적인 실체를 의미합니다.

무아는 불교의 근본 교리로서 삼법인의 하나인 무아인에 해당합니다. 이 제법무아인에서 아의 의미는 일반적으로 생각하는 아의 뜻과는 구별 되는 내용이 있습니다. 인도에선 예부터 브라만교의 교설에 의해 아트만 사상이 보편화되어 있었으므로 부처님은 일차적으로 그런 의미의 아의 관념을 부정한 것입니다. 즉 나라는 관념, 나의 것이란 관념을 배제하는 사고방식,아는 실존적으로 존재하지 않는다는 사고방식이었습니다. 팔리어 성전에서 말하는 무아의 원어는anattan입니다. 그 의미는 '아니다'와 '내가 있지 않다'는 두 가지 뜻이 있습니다.

초기 불교에서는 '결코 내가 존재하지 않는다'는 주장은 없었다고 합니다. 원래는 '나에 대한 집착에서 떨어진다'는 의미입니다.

우파니샤드철학이 아를 실체시하는데 반해 불교는 이런 견해를 거부한 것입니다. 이것은 내가 존재하지 않는다고 실존을 부정한 것이 아니라 객체적이고 기능적인 아에 대한 사고방식을 반대한 것입니다. 그러므로 부처님은 다만 '나의것'이란 관념의 포기를 가르칩니다. 잡아함부 경전 권3*에는 '오온의 하나 하나가 고이므로 비아이다.' 무상이므

---

*삼법인(三法印) : 불교의 근본교의 중 하나. 세 가지 진리라는 뜻. 제행무상, 제법무아, 열반적정을 일컬음

로 무아다.'라는 교설이 있습니다. 이것은 아닌 것을 아로 간주해선 안 된다는 것입니다. 즉 신체를 나의 것, 나 라고 간주해선 안 된다는 뜻입니다. 유부에선 인무아를 말하며 아를 부정했으나 법무아는 말하지 않았습니다. 후에 '아는 존재하지 않는다'는 무아설이 확립되어 대승불교로 계승 되면서 인법의 2무아설이 확립됩니다. 이때 법무 아는 모든 인식의 대상은 인연에 따라 나타난 것이므로 사물 자체에 본래부터 지니고 있는 독자적인 자성은 없다는 것입니다. 대승 불교에선 이 무아설이 공관과 연관되어 인무아. 법무아. 아법2공을 설하고 공이란 관념 조차 초극해 버리는 사상으로 발전합니다.

진주산성(촉석루)에서 바라 본 남강

범어avdya 의 번역입니다. 사물이 있는 그대로의 모습을 보지 못하는 불여실 지견을 말합니다. 즉 진리에 눈뜨지 못하고 사물에 통달하지 못해서 사물과 현상의 도리를 확실하게 이해할 수 없는 정신상태를 말하며 어리석음을 내용으로 합니다. 십이연기를 말하며 어리석음을 내용으로 합니다.

십이연기에선 제1지기가 무명이며 윤회의 근본이라 봅니다.비담종*이나 법상종**에선 무명을 심소(마음의작용)의 하나인 어리석음 이라 합니다. 아함부 경전에서는 십이연기***의 무명을 해석할 때 진리에 대한 무지라 하고 갈애와 표리의 관계에 있다고 봅니다. 유부에선 십이연기를 삼세양중인과로 설하며 무명을 과거세의 번뇌 위에 자리한 오온으로 설합니다. 모든 번뇌 중에 무명의 작용이 가장 무겁고 돋보여서 무명이라 합니다. 유식계통에선 이 세일중인과로 해석하며 무명과 행·식 등 오과의 종자를 끌어들이는 능인지로 보고, 그 가운데 제6의식과 상응하는 어리석음으로서 선 악 업을 일으키는 것을 무명이라 합니다. 유부나 유식에선 무명을 상응무명과 불공 무명으로 구분합니다. 상응무명은 탐욕 등의 근본 번뇌와 상응하여 일어 나는 것이며 불공무명은 상응하지 않고 일어나는 것을 말합니다.

---

*비담종(毘曇宗) : 소승교에서 논서(論書)를 연구한 종파.
**법상종(法相宗) : 유식 사상과 미륵신앙을 기반으로 하여 성정되었다.
***십이연기(十二緣起) : 괴로움이 일어나는 열두과정.

근기란 말은 일반적으로 기를 줄여서 사용합니다. 기란 연을 만나서 발동할 가능성을 지니고 있다는 의미입니다. 부처님의 가르킴을 받고 교화될 수 있는 소질과 능력 또는 가르침의 대상을 말합니다.법이나 교와 함께 기법·기교라고 하기도 합니다. <법화현의>권6. 상에는 기의 의미에 대해 다음의 3가지를 말합니다. 1)미:부처님의 교화를 받아 발동하는 미세한 선을 내재하고. 있는것.

2)관:부처님이 중생의 소질과 능력에 따라 하는 교화.

3)의: 부처님의 교화에 잘 들어 맞는것. 기는 반듯이 무엇인가의 근성(근본이 되는 성질이나 자질)을 가지고 있기 때문에 기근 혹은 근기라 하며 종류는 천차만별입니다.

예를 들면 1)소질과 능력의 고하에 따른 상. 중. 하근기*.

2)악근기와 선근기.

3)돈(근기와점) 점(근기).

4)과거세에 닦은 선근의 힘으로 내재하게 되는 명기와 현세의 삼업으로 힘써 선을 실천하는 현기.

5)부처님의 교화를 받기위해 성자가 교화의 대상이 되는 권기와 실제로 교화를 받아야 할 상대인 실기 등이 있습니다. 부처님께서 근기에 따라 설법하는 것을 수기 설법이라 하며 가르침에 근기가 적합한

---

*근기(根氣) : 참을성 있게 견뎌내는 힘.

것을 두기라 합니다. 선종에서 사용하는 기란 말은 지도자인 스승의 마음 씀씀이란 의미입니다 미치지 못하는 것으로 그것이 밖에서 움직여서 지도를 받는 학인에게 베풀어지는 것을 뜻합니다. 그리고 스승의 기와 학인의 마음이 꼭 들어맞는 것을 투기라 합니다.

진주산성 경내

9 | 정진

게으름 피우지 말고 공부에 정진해 보아라. 사업에 일심정진 했더니 큰 성과를 얻었다. 오로지 정성을 기울여 노력하고 매진한다는 의미로 자주 쓰이는 말이 정진*입니다.

범어virya의 번역입니다. 자리이타를 궁극적으로 목표로 해서 실천궁행하려는 보살이 닦아야 할 여섯 가지 수행 덕목이 있습니다. 그 육바라밀의 네번째 가 '정진바라밀'입니다. 신심을 격려해 선행을 닦고 잡념을 버리며 진실한 진리를 닦는 일에 매진하는 것이 곧 정진바라밀입니다. 노력이 없고 게으르고 성문. 독각. 보살의 가르침 가운데 어느 하나도 돌아보지 않는 중생을 보고, 깨달음을 얻어 중생들이 게으름을 물리치고 미혹에서 떠날수 있도록 도와주겠다는 서원을 세우는 것이 정진입니다.

바른 정진이란 아직 나지 않은 나쁜 마음을 나지 못하게 하고, 이미 난 나쁜 마음을 없애 버리며, 아직 나지 않은 착한 마음은 나게 하고 이미 난 착한 마음은 둥글게 키워 나가기를 끊임 없이 노력하는 것입니다.

---

*정진(精進) : 몸을 깨끗이 하고 마음을 가다듬음.

일념을 흔히 한결같은 마음, 또는 깊이 생각에 잠긴다는 뜻으로 쓰이고 있으나, 불교에서는 아주 짧은 시간의 단어로 마음의 작용인 '한 생각'이라는 뜻으로 씁니다. 일념*을 시간의 단위로 말할 때는 일찰나라고 합니다. 손가락 한 번 튕기는 시간의 60분의 1이라 해서 순간의 현재 전후가 없는 동시와 같은 뜻으로 쓰입니다.

그러나 우리 인생은 이와 같은 짧은 사이에도 무엇을 생각하고 있습니다. 그 생각하는 '한 생각' 여하에 따라 고통과 편안하고 즐거움의 세계, 극락과 지옥의 세계 또는 암흑 세계의 인간과 광명 세계의 성인의 경계를 판가름하고 있는 것입니다.

따라서 우리 인생은 이 한 생각 한 생각이 쌓이고 쌓여서 다음의 생명을 만들어 내는 것입니다. 불교에서는 이 한 생각을 더욱 더 귀중하게 여기어 현실에서 인생의 고통을 완전히 뛰어넘어 크고 넓은 자유의 즐거움에 노니는 이를 가리켜 한 생각을 얻은 사람, 또는 한 생각을 쉰 사람이라 하여 가장 높은 가치를 일념에 두었습니다.

극락세계에서 나서 아미타불의 구원을 받고자 하는 사람은 이 일념의 한 소리로 아미타불을 마음으로 외워야 그가 원하는 것이 이루어진다고 하였으며, 또 이와 같이 믿는 한 생각에 의해서 극락정토에 다시 태어남이 결정되고, 자기가 지은 모든 죄가 없어져 사라진다 하

---

*일념(一念) : 지극히 짧은 시간, 찰라의 순간.

였습니다.

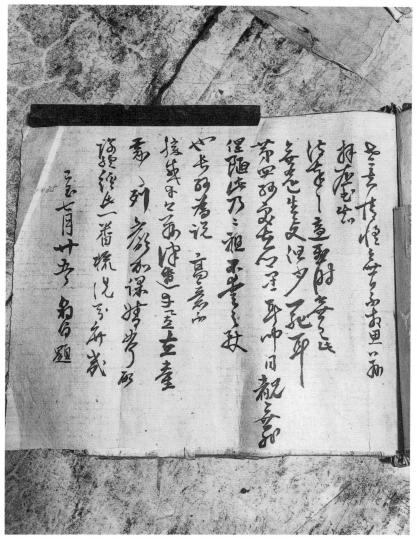

표암:강세황(숙종 39년 1713년)

오계는 불교신자가 지켜야 할 다섯 가지 삶의 기본 자세를 말합니다.오계는 다음과 같습니다. (1)모든 생명을 존중하고 억압하거나 손상하거나 죽이지 말며, (2)아낌없이 베풀어 주고 결코 남의 물건을 빼앗지 말라는 것이며, (3)청정행을 할 것이요, 결코 사음을 하지말며, (4)진실한 말을 하고 결코 망령된 말을 하지 말며, (5)바른 마음을 지키고 술에 취해 마음을 어지럽히지 말라는 것이 그 뜻입니다. 오계* 가운데 앞의(네가지)는 밖에서 규제하는 계가 아니라 자기 심성 속에서 일어 나는 죄성에 기반을 두므로 이것을 성품적인 계라고 하여 모든 죄 가운데 가장 근본적이고 중대한 것이라 합니다. 그러므로 이것을 사바라이라 하여 계를 범하면 승가에서 축출 당하도록 중형이 가해지는 것입니다. 그리고 다섯번째의 계는 술을 마심으로써 수많은 죄악이 발생하므로 온갖 죄악이 일어나지 않도록 그 근원이 되는 행위를 다스리는 것입니다. 계율을 지키는 것은 부처님의 행, 즉 깨달은 행을 닦아가는 것이므로 오계를 적극적으로 행하는 것은 우리의 본분을 순수하게 지켜 가고 깨달음으로 가는 올바른 수행이라 할 것입니다.

---

*오계(五戒) : 속세에 있는 신자들이 지켜야 할 5가지 계율
  1. 죽이지 말 것 2.훔치지 말 것 3.간음하지 말 것 4.거짓말 하지 말 것 5.술 마시지 말 것.

연속 계율을 지키는 것은 부처님의 행, 즉 깨달은 행을 닦아가는 것이므로. 오계를 적극적으로 행하는 것은 우리의 본분을 순수하게 지켜가고 깨달음으로 가는 올바른 수행이라 할 것입니다. 오계 외에도 계유로서는 대표적인 것으로 팔재계·보살계·삼취정계 등이 있습니다.

팔재계란 시대에 따라서 어느정도의 차이가 있지만, 기본적으로는 오계에 나타난 5종의 행위에 3종을 추가한 것입니다. 3종은 (6)때가 아닌 때에 음식을 먹지 않습니다. (7)화환이나 향로로 몸을 단장하지 않으며 그것을 즐기지 않습니다. (8)다리가 달린 좋은 침대가 아닌 마루에서 잔다 등입니다. 보살계는 신자가 받는 가장 높은 계로서 보살계를 받을 수 있는 사람은 이미 오계를 받아 지니고 수행하는 신자로서 세속에 살면서도 출가* 수행승 못지않게 수행하는 사람이므로, '거사·보살'이라 부르기도 합니다. 그 내용은 오계 가운데 앞의 4계입니다. 5)술을 팔지 마라. 6)사부대중의 허물과 죄를 말하지 말라. 7)스스로 칭찬하고 남을 헐뜯지 말라. 8)자기 것을 아끼고 나의 것을 탐내지 말라. 9)성내거나 원한을 품지 말라. 10)삼보를 비방하지 말라. 등의 여섯 항목을 추가한 열 가지 계목을 말합니다.

---

*출가(出家) : 번뇌에 얽매여 세속의 인연을 버리고 성자의 수행 생활에 들어감.

대승불교에서는 많은 서원들이 설해지는데, 이를 분류해 보면 공통의 원과 각자의 특수한 원이 있습니다. 사홍서원*은 공통의 원이면서 총괄적인 서원이라는 의미에서 '총원'이라고도 합니다.

일체의 보살이 처음 발심할 때에 반드시 이 원을 발합니다. 이 소원은 넓고 크므로 홍원이라 하고, 그 마음을 자제하므로 '서'라하며 뜻의 만족을 구하므로 '원'이라고 합니다. 사성제와 관계되기 때문에 네 가지 원이라 합니다. (1)중생은 가없지만 기어코 건지리다. 이는 고제를 연하여 가없은 중생을 제도하는 것을 원하는 것입니다. (2)번뇌 끝없지만 기어코 끊으리다. 이는 집제와 연관되는 것으로 다함 없는 번뇌를 끊음을 원하는 것입니다. (3)법문은 끝없지만 기어코 배우리다. 이는 도제와 연관되는 것으로 끝없는 법문을 배울 것을 발원하는 것입니다. (4)불도가 없지만 기어코 이루리다. 이는 멸제와 연관되는 것으로 끝없는 불도를 성취하기를 원하는 것입니다. 이 사홍서원은 현재 공식적인 불교 의식에서 주로 법회가 끝났을 때 한결같이 사용되고 있습니다.

사홍서원은 네 가지의 서원이나 오직 한 가지 길인 보살도가 네 가지 형태로 나타난 것에 불과 합니다. 위로 보리를 구하고 아래로 중생을 교화 한다는 말을 먼저 깨달음을 얻은 다음에 중생을 교화하려는

---

*사홍서원(四弘誓願) : 보살의 공통된 네 가지 큰 서원. 1)중생무변서원도 2)번뇌무진서원단 3) 법문무량서원학 4)불도무상서원성

것으로 이해하는 것이 잘못이 듯이 중생 교화와 번뇌를 끊는 것, 그리고 법문을 배우고 불도를 이루는 것은 총체적으로 보살 행을 하는 자의 수행의 내용이며, 어느 것 하나 더욱 우월하다가 먼저 이루어지는 것이 아니라 동시에 성취 되어야 할 내용인 것입니다.

또한 네 가지 원 하나하나는 각각 나머지 세 가지 서원의 내용을 포함하고 있습니다. 중생을 구제함에 따라서 번뇌가 사라지고 법문을 배우게 되며 불도를 이룹니다. 마찬가지로 불도를 이룬다는 것은 중생을 교화하지 않고 번뇌를 끊지 않으며 법문을 배우지 않으면 이룰 수 없는 것입니다. 어느 한 가지로 나아가도 모두가 구족해지니 사홍서원에는 모든 서원의 총괄적인 총원이라 하는 의미가 있는 것입니다. 또한 총원을 발하는 것은 대승의 보살이 갖는 큰 특징입니다. 대승이라고 하는 것이 많은 사람들을 구제할 수 있는 것을 의미하므로 소승불교가 자신의 깨달음을 목적으로 함에 대하여 대승의 보살은 보살행의 결과 부처님이 되는 것이 목적이 아니라, 원의 내용이 달성될 때까지 미혹한 세계에 남아서 사람들을 구제하는 데 진력합니다. 그러므로 원은 그 의지력을 표현하고 있는 것입니다.

14 | 지옥

사람들이 악한 행위를 하면 그 댓가로 죽은 뒤에 떨어지는 곳을 '지옥*'이라합니다. 그렇지만 현실 속에서도 사람들은 '지옥 같다'는 표현을 스스럼없이 하는 편입니다.

꿈 많은 사춘기 시절을 대학입시에 매달려야 하는 젊은이들, 그들은 '입시지옥'에 시달린다고 합니다. 도로가 주차장처럼 빠지지 않고 밀리는 길 그래서 '교통지옥'에 산다고 말을 합니다. 물가가 뛰어올라 '물가지옥' 이라고부릅니다.

지옥은 범어narta의 번역으로 나락이라 음역합니다. 땅 밑에 있는 감옥이란 뜻입니다. 염부주의 땅밑 오백 유순에 설악산의 바깥 변두리 어두운 곳에 있다고 합니다. 장아함부 경전에서 비교적 상세하게 설하고 있습니다. 중생이 사집. 오견. 번뇌. 선업. 악업 등으로 인해 죽은 다음 그 과보에 따라 지옥. 아귀. 축생. 아수라. 인간. 하늘 등에 떨어진다고 합니다. 이를 육도 윤회라 부릅니다.

염라대왕이 다스리는 지옥에는 136 종류가 있습니다. 조그마한 죄를 짓고도 지옥에 떨어지는 중생이 있고 큰 죄를 짓더라도 지옥에 떨어지지 않는 사람이 있습니다. 후자는 현세의 잘못을 깨닫고 현세에서 죄 갚음을 하는 사람이며. 전자는 죄를 깨닫지 못하고 자신이 자신의 몸과 마음을 닦지 아니하는 사람입니다.

---

*지옥(地獄) : 전생에 악한 짓을 많이 한 자가 그 과보로 태어나는 고통스러운 사후 세계

사무량이란 모든 중생에게 즐거움을 주고 괴로움과 미혹을 없애기 위하여 보살이 가지는 자비심으로, '자비희사'의 네 가지 무량한 마음을 말합니다 그것은 1)자무량심 2)비무량심 3)희무량심 4)사무량심 입니다.

구하스님 1872~1965

1)자무량심은 모든 중생에게 즐거움을 베풀어 주는 마음가짐이며, 2)비무량심은 중생을 불쌍히 여기는 마음으로 고통의 세계로 부터 구해내어 깨달음의 해탈락을 주려는 마음가짐이고. 3)희무량심은 중생으로 하여금 고통을 버리고 낙을 얻어 희열하게 하려는 마음가짐으로서 처음에는 친한 사람부터 시작하여 점점 다른 사람에게까지 미치게 합니다. 4)사무량심*은 탐욕이 없음을 근본으로 하여 모든 중생을 평등하게 보고 미움과 가까움에 대한 구별을 두지 않는 마음가짐으로서 처음에는 자기와 아무런 관계가 없는 사람에 대하여 이 마음을 일으키고, 점차로 친한 사람과 미운 사람에게 까지 평등하게 이 마음을 일으키도록 되어 있습니다.

사무량심을 실천하게 되면 죽은 뒤 대범천에 태어난다고 합니다. 사무량심은 자비를 상징하는 십일면 관음의 11가지 모습으로도 나타나는데 불면을 제외한 10가지 모습은 이 사무량심을 상징적으로 나타낸 것입니다. 자무량심은 3면으로 표현 되어 있습니다. 그 까닭은 자무량심이 고통만 있고 즐거움이 없는 중생으로 하여금 그 괴로움을 떠나 즐거움을 얻도록 하려는 것이고,다행히 복은 있지만 지혜가 없는 중생으로 하여금 복과 아울러 지혜를 다 갖추도록 하려는 것이며, 지혜는 있지만 통달하지 못한 중생으로 하여금 지혜와 아울러 신통력 까지도 다 갖추게 하려는 것이기 때문입니다. 비무량심 또한 3면으로 표

---

*사무량심(四無量心) : 모든 중생에게 즐거움을 주고 괴로움과 미혹을 없애주는 자. 비,희,사의 4가지 무량심을 의미한다.

현되고, 그 까닭은 비무량심이 고통스러운 과보에서 떠나려고 하지만 오히려 욕심 때문에 고통을 낳는 행위에 빠져 있는 자를 구하기 위하여, 즐거움의 과보를 얻고자 하면서도 즐거움이 있게 하는 착한 원인을 만들 줄 모르는 자를 구하기 위하여 적정한 이치를 구하려 하지만 오히려 산란한 경계에 집착하고 있는 자를 구하기 위한 것 때문입니다.

희무량심 또한 3면으로 표현됩니다. 그 까닭은 희무량심이 중생을 제도하고 깨끗한 업을 쌓기를 바라는 이가 몸과 입과 마음으로 각각 올바른 행위와 말과 생각하는 것을 찬양하기 위한것입니다.

마지막의 사무량심은 1면으로 표현됩니다. 착한 이, 악한 이, 선악이 뒤섞여 있는 중생들에게 어떠한 집착도 없이 제도하는 것을 상징하는 것입니다. 이와 같은 사무량심을 철저하게 실천하면 부처님의 경지에 도달 할 수 있다고 하며 불제자는 이 마음을 먼저 길러야 함이 강조됩니다.

16 | 무상

'인생이란 꿈과 같고 물거품 같아 무상한 것'이라고 이야기합니다. 봄 꽃도 한때라고, 이 세상의 온갖 존재들은 변화 하고 멈추지를 않아 우리는 삶의 덧없음 앞에서 문득문득 '무상함'에 젖곤 합니다. 무상은 범어anityata의 번역입니다. 물심의 모든 현상은 한 순간에도 나고 변화하고 멸하므로 상주하는 것이 없다는 뜻입니다. 그래서 불교에서는 생한 것은 마침내 사멸하기 마련이며, 융성한 것은 반드시 쇠퇴하고, 서로 만나면 반드시 이별한다고 말합니다.

'살아있는 자는 다 죽음으로 돌아간다' 젊었던 용모는 누구나 늙어 쭈그러지고…… 일찍이 어느 사물도 무상에 의해 삼켜지지 않는 것은 없었던 터입니다. 무상*에는 크게 두 종류가 있다고 합니다. 찰나 동안에도 생겨나고 머무르고 변화하고 소멸된다는 찰나무상과 한 평생 동안에 생주 이멸이 있다는 상속무상이 그것입니다. 한편 무상은 죽음의 의미를 지니기도 합니다. 부처님께서 열반에 드시자 제석천은 이렇게 무상을 읊습니다. '모든 것은 덧없고 이는 나서 없어지는 법.' 나고 없어지고 없어지면 그만이니 없어져 고요함은 즐거움입니다.

진주산성 경내

---

*무상(無常) : 상주하는 것이 없다는 뜻으로 죽고 흥하고 망하는 것이 덧없음을 이르는 날.

"일 말의 가책을 느끼느냐?" (답) "가책 받을 일로 고심중입니다."
꾸짖으며 책망한다는 뜻을 지닌 '가책'은 범어avasadana를 번역한 말
입니다.

출가 대중이 지켜야 할 생활 규범으로 율이 있습니다. 이는 수행 생
활속에서 구체적으로 정해 놓은 규율이며 이를 제대로 지키지 못했
을 경우에는 엄격한 처벌 규정이 뒤따릅니다. <사분율>에는 건도품이
나옵니다. 이는 수행자의 계조목에 관해 상세히 기술한 뒤에 수계, 포
살, 안거 등 교단의 의식과 작법, 생활예의를 규정해 놓은 내용입니다.

가책건도란 악행을 일삼는 수행자들을 가책하는 법을 설한 내용입
니다. 본래 지혜라는 이름을 가진 수행자와 노자나라는 수행자가 싸
움을 벌일 뿐 아니라, 주위의 수행인들을 부추켜 싸움을 걸자 부처님
께서 이 두 사람을 꾸짖어 '가책 갈마'를 제정했다고 합니다. 따라서 싸
움이 일어났을 경우 중재하는 법과 처벌 방법이 제시되고 있습니다. 수
행 중의 잘못을 여러 대중 앞에서 꾸짖고 서른 다섯 가지의 권리를 박
탈했다고 하니, 교단의 기강을 바로 잡기 위해 엄격한 꾸짖음이 뒤따
랐던 것 같습니다. 만약 불법을 구하는 사람이라면 마땅히 가문 따위
는 따지지 말아야 합니다. 비록 고귀한 가문에 태어났다 해도 극악한
행위를 한다면 사람들이 가책할 것이니 이는 하천하다고 해야 할 것
이며, 이처럼 율장에서만이 아니라 경장 곳곳에서도 '가책'이란 용어가

등장합니다. 비난하다, 꾸짖다, 비난해서 물리치고 배격한다는 의미로
사용되어 오던 불교 용어 가책*이 이제는 자신의 잘못을 스스로 돌아
보고 책망한다는 뜻으로 쓰여지고 있습니다.

진주산성 경내

---

*가책(呵責) : 자기나 남의 잘못에 대하여 꾸짖어 책망함.

"우리는 싸우되 결코 항복 따위는 않겠다." 전쟁을 치르는 군인들에게 '항복'은 비열하고 부끄러운 것인 양 느끼기 쉽습니다. 전쟁에서의 항복은 적군에게 한 수 지고 마는 일이기 때문입니다. 국어 사전을 보면 항복이란 적이나 상대편에게 잘못했다고 굴복하거나, 전투행위를 포기하고 장소나 병기를 적에게 내어 주는 일이라고 설명합니다. 패배를 시인하는 이 '항복'은 그러나 본래 의미는 지금의 뜻과 정 반대입니다. 범어로 'stmbhana (저해하는것), (pragrahitavya)(당연히 억제할)' 등의 의미를 번역한 것으로 '위력으로 다른 이를 눌러 복종시키는 것'을 가르킵니다. 그리고 항복받을 대상은 밖에 있는 것이 아니라 내면에 존재하고 있음을 강조합니다. 탐욕과 성냄과 어리석음의 삼독에 집착하는 마음과의 싸움, 그리고 그것을 제어해서 바른 수행을 실천할 것을 이르는 것입니다. 항복하지 않는 자는 항복케 하며 항복한 자는 악을 다시 행하지 않게 하며 반역하려는 자는 그런 마음을 일으키지 못하게 해야 합니다.

부처님의 수인상에는 '항마인'이 있습니다. 이는 마군을 항복시킨다는 뜻의 상징입니다. 부처님의 앉음 새에도 오른발을 왼쪽 넙적다리에 얹고 왼발을 오른쪽 넙적 다리에 얹는 것을 항마좌 혹은 항복자라고 합니다. 보리수 아래에 정좌하시고 선정에 드신 부처님은 일체의 마군을 항복시키고 무상 정등 정각을 이루십니다. 이 장면이 부처님의 일생을 묘사한 '팔상성'도 가운데 '수하항마상'입니다. 우리에게도 내면의 마군을 항복 시키는 일이 제일 시급한 일이 아닐수 없습니다.

19 | 말세

신문이나 방송 등 보도매체 통해 차마 인간으로서는 저지를 수없는 어처구니 없는 범죄 소식을 접할 때면 "말세다, 말세야." 하며 혀를 찰 때가 있습니다. 지하철역이나 광장 주변에서 '말세'를 외치는 종교인도 있습니다. 이들이 주장하는 말세란 '지구의 종말'입니다. 또 기독

교에서는 예수가 재림할 때까지를 말세라고 합니다. 말세가 끝났을 때에 심판을 받는다고 합니다. 본디 불교용어인 말세는 불교의 '삼시'에서 나온 말입니다.부처님께서 입멸하신 뒤에 시대가 흘러감에 따라 그 가르침이 여법하게 실행되지 않는다는 역사관에 입각해서 시대를 정법, 상법, 말법으로 나누고 있습니다. 교설과 그 실천과 결과가 모두 갖추어진 시기를 정법시라하며 교설과 실천만이 시기를 상법시, 그리고 교설만 있는 시기를

말법의 시기라고 합니다. 이 삼시의 기한에 대해서 여러 학설이 있는데 대개 부처님 입멸 후 천 년 혹은 5백년을 정법 시기, 그 다음 천 년을 상법의 시기, 그 다음 만 년을 말법의 시기라고 이름합니다.

(말세) 어느 설을 취하던 오늘날이 '말세'의 범주에 들어 있는 것임에는 틀림없을 것 같습니다. 말세가 되면 세상이 혼탁해져 도덕과 풍속이 쇠퇴하며 악법이 성행하고 정의가 사라진다고 합니다. 중국에서는 북제시대부터 말세 사상이 성행해 신행선사 의 삼계교 '선도교'의 정토교 등에서는 스스로의 종지가 말세에 적합한 교라고 주장하기도 했습니다. 이 말법의 시기가 끝나면 가르침까지도 들을 수 없는 법 멸의 시대가 있다고 합니다. "제자들아, 말세가 되면 부처님의 가르침을 듣기 어렵고 말하기 어려우니라. 이제 너희들은 친히 보고 친히 들으니 일찍이 여러 겁에 걸쳐 배우고 수행한 사람들임을 알겠다. 한 번 들은 다음에는 다시 물러섬이 없거라." 부처님께서 말씀 하였습니다.

서구의 철학자 베이컨은 '아는것이 힘이다'라 한 바 있고, <채근담>에서는 행복만을 위해 달리다가는 불행을 부르며 언제까지나 살수 없음을 깨닫는 것이 인생의 가장 큰 지식이라고 하였습니다. <논어>에서는 '지식이 있는 자는 사물의 도리에 밝아 미혹됨이 없이 잘 분별한다'고 하였습니다.

이처럼 배우거나 연구하거나 실천을 통해 얻은 명확한 인식이나 이해를 우리는 '지식'이라고 합니다. 얼마나 많이 알고 있느냐에 의해 '박물군자'라고도 하고. '천학비재'라고도 합니다. 그러나 지식의 본뜻은 이와 다릅니다. 범어mitra의 한역이 지식인데 이는 아는 사람, 벗, 친구라는 뜻을 지녔습니다. 내가 모습과 그 마음을 잘 아는 상대 그것이 지식입니다.

일심은 불교에서 만유의 실체라고 보는 참 마음을 말합니다. 일심은 우주 만법의 수용처로서 크다거나 작다고 할 성질의 것이 아니며, 빠르다거나 늦다고 할 성질의 것도. 아닙니다. 그리고 일방적으로 동 적인 것이라거나 정 적인 것이라고 할 수 있는 것도 아니며, 수량으로 말하여 하나라거나 많다고 할 성질의 것도 아닙니다. 그것을 무엇이라고 정확하게 정의할 수는 없지만 그냥 '마음'이라는 단어로써 표현되어 있습니다. 또 일심*의 '일'은 수적 또는 양적인 개념이 아닙니다. 그것은 개체가 그 안에서 진실로 사는 전체입니다 . 진실로 살아 있는 조화로운 전체가 일심입니다. 어느 하나 속에 전체가 살아 있고 그 전체가 살아 있고 그 전체 속에 하나가 살아 있습니다.

22 | 일심의 사상

일심의 사상. 우리나라 불교 속에 정착 시키고 독특한 사상으로 발전 시킨 고승은 신라의 원효입니다. 원효는 그 대표적으로 <대승기시논소>에서 일심을 보다 체계적으로 전개시켰는데 그 가운데 심진여문과 심생멸문에 대하여 살펴 보겠습니다.

심진여문은 일심을 본질적인 면에서 '관찰하여 언제나 참 되고 한결 같은' 본성이 있음을 나타낸 것입니다. 이 심진여문이야말로 제법의 유일한 근거로서 지극히 고요하여 모든 더러움이 사라진 중생심이라고 하였습니다. 그리고 원효의 화쟁은 참되고 한결같은 진여한 일심이 어떻게 하면 다시 일심의 원천으로 되돌아 올 수 있는가를 구체적으로 설명하였습니다. 곧 진여한 일심은 어느덧 생겨난 충동력인 무명의 바

---

*일심(一心) : 불교에서 만유의 실체라고 보는 참마음.

람에 의해서 물결을 일으키기 시작하여 스스로 진여한 일심을 가리게 되고 차츰 주객의 분별과 이기적인 생각들을 일으켜서 마침내는 지옥, 아귀, 축생 등의 육도를 윤회하게 된다고 보았습니다. 그러나 일심에는 언제나 스스로를 맑게 정화하고 화쟁 사상으로 이끌어 가려는 훈습력이 있기 때문에 그 훈습하는 힘이 좋은 계기를 만나면 끊임없이 작용하여 마침내는 본래의 깨달은 상태인 진여로 나아가게 한다는 등의 내용이 밝혀져 있습니다.

이 일심은 온전하고 참 될 수 있는 씨앗인 여래장으로서 무한한 성과 덕성을 다 갖추고 있기 때문에 그 속성이 위대하다고 할 수 있습니다. 이 일심의 덕성은 큰 지혜요. 광명이며, 세상의 모든 대상계를 두루 남김 없이 비춰주듯이 환하게 모든 것을 다 알게 하는 것이며, 있는 그대로 참되게 아는 힘을 간직하고 있으며,영원하고 자유자재하고. 번뇌가 없으며 어떤 인과의 법칙에 따라 변동하는 것이 아니라 그 스스로 존재하는 것이라고 보았습니다.

23 │ 평범함을 지키면서 태도를 고쳐 나가자

마음을 영적으로 가꾼다는 것은 스스로 끊임없이 그릇된 태도를 고쳐 나간다는 뜻입니다. 완전한 깨달음에 이르기까지 우리는 온전한 성품이 자라 나기를 촉진 시키는 생각들을 가꾸어야 합니다. 안에서 어떤 발전적인 변화가 일어나더라도 우리의 행동과 말은 평범한 사람들의 그것에 머물러야 합니다. 우리는 생활의 목표를 바꾸어야 하지만 행동은 남들과 다름이 없어야 합니다. 남의 눈에 띄게 두드러질 필요가 없기 때문입니다. 우리의 생각의 실은 그저 조금 바뀐 것 뿐인데 아주 큰 마음의 변화가 일어난 것으로 알고 그것을 드러내 보이려고. 유별나게 습관을 바꾸는 따위는 큰 잘못입니다.

24 │ 다른 사람들의 결점을 말하지 말자

우리는 남의 허물을 비난하고 비판하거나 들추어내어 과장하려 해서는 안됩니다. 오히려 우리는 남에게 도움말을 주어 그들이 앞으로는 보다 능숙하게 행동하는 것이 이익임을 이해할 수 있도록 해야 하는 것입니다. 만약 우리가 자기 자신을 높이고 다른 사람들을 나무라고 놀리고 업신 여기려는 뜻으로 말을 한다면 그것은 수행에 대한 또 하나의 어긋난 행동일 것입니다. 이런 기본적 상황들이 매우 알기 쉬운 것들이니 허술히 여기지 말고 나날의 생활에 적용해야 할 것입니다.

한국을빛낸

자랑스러운

2023

자랑스러운

한국인

제2023-10-130호

韓國社會를 빛낸

2023 자랑스러운 한국인 大賞

部門 : 문화예술부문　　　　　　　　　職位 : 석암문화재단 이사장
賞名 : 2023전통문화예술발전공로대상　　姓名 : 강희준(석암스님)

　貴下께서는 今番 本 會가 主催하고 大韓民國新聞記者協會가 主管하는 『2023 韓國을 빛낸 자랑스러운 한국인대상 시상식에서 政治 社會 經濟 文化 藝術 스포츠 部門과 일반 企業 및 公職部門 등에서 不素 忠과 孝 幸事 善行 등 透徹한 使命感과 確固한 國家觀으로 國家發展은 물론 大韓民國 文化藝術의 優秀性을 國內外에 널리 알리는데 寄與한 功이 至大 하므로 그 功을 높이 致賀하고 위의 部門에서 本 賞을 수여함.

2023. 10. 24.

主催 : 韓國을 빛낸 자랑스러운한국인大賞 組織委員會
主管 : 大韓民國新聞記者協會, 言論人聯合協議會, 綠色環景新聞
　　　 國民幸福時代, 社團法人 國際文化公演交流會, 스포츠코리아
　　　 선데이타임즈, 安重根義士平和컵組織委員會, (주)시네마서울

2023韓國을 빛낸 자랑스러운 韓國人大賞 組織委員會

2

다른 사람들에게 무엇을 보더라도 생각에 두지 말자

우리는 남들의 허물과 결점이 드러나기를 기다리고 지켜보아서는 안 됩니다. 반대로 우리는 자신의 행동이 옳은지 그른지를 언제나 의식하고 판단 해야 합니다. 어쩌다 우리가 남에게서 나쁜 점을 보게 되었다 해도 그렇게 보는 것은 자신의 잘못된 지각에서 나오는 판단이고 또한 어두운 점을 그저 보고 들어 믿는 것은 어리석음이라고 여겨야 합니다. 오히려 우리는 마치 아슬아슬한 절벽을 따라 걸어갈 때는 주위에서 무엇이 일어나든지 거기에 주의를 기울이지 않는 것처럼 눈길을 안으로 돌려 자기 자신이 쓰러지지 않도록 해야 합니다.

26 | 보복하려는 욕망을 모두 버리자

보리심을 키우려고 수행을 할 때는 모든 노력을 마땅히 모든 중생들을 이롭게 하는데 쏟아야 합니다. 다만 자신의 만족과 보람을 바라고 수행한다면 그것은 불순한 수행입니다. 우리가 받는 이익이나 보람은 다만 모든 사람들의 행복을 위해 다르마의 수행을 진지하게 하는 데서 따라 나오는 자연적인 부산물일 뿐입니다.

자신이 즐기는 음식물에 독이 있음을 알면 당장 그것을 물리쳐야 합니다. 우리의 수행에서 마땅히 우리가 하는 온전한 행위 그 어느것도 두 가지 독성, 곧 자기에게 집착하는 어리석음의 독이 스며들지 않았는지를 분명히 해야 합니다. 자기 집착의 독이 수행에 스며들면 우리는 즉시 비어 있음을 명심하는 약을 써야 합니다.

위하는 어리석음의 독이 스며들면 다른 사람들을 사랑하는 보리심과 자비심으로 바로 가꾸어 가야 합니다.

석가여래진언

28 | 교활하게 배신하지 말자

경쟁에서 결국은 본인에게 승리가 돌아올 것을 뻔히 알면서도 교활하게 뒤로처져 하여금 자기가 이길 것이라고 하는 짓을 절대로 해서는 안 됩니다.

29 | 결코 남의 급소를 찌르지 말자

살아가면서 우리는 야멸차게 가시돋힌 말로 남의 가장 아픈 약점을 찔러 해를 줄 때가 있습니다. 그러나 우리는 고의로 독한 말이나 저주의 만트라를 써서 인간이든 정령같은 인간이 아닌 다른 존재를 해치지 말아야 합니다.

진주산성

30 | 마지막 순간의 질주로 상대방을 경쟁에서 이기지 말자

누군가와 함께 어떤일을 할 때 처음에는 비슷한 힘으로 어울려 일해 나가다가 끝나는 무렵에 인간힘을 써서 공을 혼자 차지할때는 사람과 같은 짓을 해서는 안 됩니다. 그것은 마치 두 병사가 힘을 합해 적을 쓰러트리고는 그 중 한 병사가 훈장을 독차지하여 승진을 하려고 자기만이 영웅적인 전투를 한 것처럼 나서는 것과 같은 자입니다.

31 | 신을 악마의 격으로 낮추지 말자

우리가 남의 눈에는 보리심을 가꾸고 있는 것처럼 보이지만 속으로는 가슴의 설레임과 괴로움이 더해진다면, 그것은 바로 신을 악마의 차원으로 낮추는 것입니다. 이를테면 가령 우리가 겉으로는 올바르게 수행하고 있는 듯이 보여도 안으로는 자신이 이룩한 일에 대한 자랑이 자라난다면 우리의 타락은 자꾸 심해질 것입니다. 우리가 올바른 수행을 한다면 그런 일은 결코 일어나지 않을 것입니다.

　　오직 자기 자신의 쾌락과 행복에 대한 욕망을 만족시키려고 슬픔과 고통을 남에게 주는 것은 말할 것도 없이 우리의 수행에 어긋납니다. 그런 그릇된 태도는 오직 자기를 위하는 마음을 키워줄 뿐이고 이 자기를 위하는 생각이야말로 우리가 뿌리 뽑으려는 알맹이인 것입니다. 그런 생각들을 행위로 옮기는 것은 우리의 영적 수행에 정면으로 배치하는 것입니다.

석암문화재단 4층 불교관

33 | 상대에게 앙심을 품고 벼르지 말자

군대에서 정규전으로 적을 이기지 못 할때는 유격 전술을 써서 적을 기습하여 이기려고 공격의 기회를 노리며 매복하는 일이 흔히 있습니다. 우리를 해친 사람에게 그런 식으로 원한을 품고 앙갚음 할 기회를 노리는 것은 우리의 수행과는 어긋납니다.

34 | 열가지 부덕한 행위

귀한 인간의 모습으로 태어나 주어진 자유와 유리한 자질을 충분히 활용하기 위하여는 열가지 부덕한 행위를 하지 않는 것을 생활의 기반으로 삼아야 합니다.

조선시대 명기

몸에서 세 가지의 부덕한 행위가 나옵니다 (지각 있는 생물을 죽이기) (자기에게 주어지지 않은 것을 훔치기) 또 하나(부정한 성행위로 봅니다).

입에서는 네가지 미숙한 행위가 나옵니다. 곧 (거짓말), (비방하거나 사람들 사이를 갈라놓는말), (야멸차고 사나운 말), (헐뜯거나 빈정거리는 말과 부질없는 지껄임이나 실없는 소리를 하는 것)입니다.

마음에서는 또 세가지 해로운 행위가 나옵니다. 곧 (탐욕), (남을 미워하거나 악의를 품는것), (원인과 결과의 법칙을 믿지 않고 불성이 완전히 일깨워진 상태에 이를수 있음을 믿지 않는 따위의 그릇된 소견으로 볼수 있습니다.) 위 이 열 가지 온전치 못한 행위가 큰 해독과 고통을 부릅니다.

35 | 항상 가까운 관계에 있는 사람들에 대해 명상하자

함께 공부하는 친구나 부모 형제와 같은 가까운 관계에 있고 우리에게 사랑과 친절을 많이 베풀어 주는 사람들에 대해 마음에 걸림이 생기는 것을 특히 주의깊게 살펴야 합니다. 가까운 사람일수록 쉽게 미움과 경멸의 감정이 생기기 쉬운데, 그것은 먼 사람들에 대해 느끼는 것보다 훨씬 심각한 결과를 낳게 됩니다. 또한 우리와 동등하거나 경쟁하는 사람, 그리고 우리를 비판하고 모욕하거나 부당하게 해를 입히는 사람들에 대한 마음을 다스리기에 각별히 힘써야 합니다. 나아가 우리가 이유없이 싫은 감정을 느끼는 사람에 대한 마음의 움직임을 설령 그들과 직접 접촉이 없는 경우라 할지라도 항상 주의깊게 살펴야 합니다.

36 | 항상 모든 사물에 대하여 결코 치우침 없는 맑은 마음으로 바로 보자

욕망이나 미움 같은 괴로움을 낳는 마음의 움직임은 친구나 원수나 낯선 사람같은 살아 움직이는 대상과의 관계에서, 또는 집이나 경치, 옷이나 물건 같은 무생물과의 관계에서 나타나게 됩니다. 우리의 수행은 언제나 한쪽으로 치우침이 없이 모든 대상에 공평하고 한결같이 적용 되어야 합니다.

본문 : 말 위에서 한식을 맞았더니
길을 가는 도중에 봄은 이미 저물었네.
가련한 생각에 강 어구에서 바라만 볼 뿐…
낙관 : 이광사 서
도장 : (백문) 이광사인
(주문) 원교

원교 이광사 1705~1777

37 | 변덕을 부리지 말자

마음의 벗에 대해 처음에는 사랑을 느끼다가 갑자기 그를 싫어하고 경멸하게 되는 것은 변덕이요, 한결 같지 못한 마음입니다.

38 | 다른 환경을 의지하지 말자

수행이란 수행을 시작하기 위해 필요한 조건이 모두 갖추어진 유리한 환경이 오기를 기다려서만은 안 됩니다. 유리하던 불리하던 어떤 환경이나 조건 속에서도 우리는 마음을 닦는 수행을 계속할수 있어야 합니다. 이 흐르는 삶 속에서는 모든것이 번갯불이 번쩍하듯 지나가 버린다는 것을 잊어서는 안됩니다. 기다리기만 한다면 좋은 조건에서 명상을 시작하겠다는 그 미래의 계획이 익기 전에 벌써 미래의 삶이 닥칠지도 모릅니다.

39 | 감사를 바라지 말자

다른 사람들을 이롭게 할 때는 항상 낱낱의 행위를 우리가 도와주는 사람들과 또한 그밖의 모든 존재들이 우리의 행위에서 이익과 복을 받게 되도록 순수한 마음으로 해야 합니다. 그렇게 하는 것만이 우리의 소원이고, 우리가 주는 데 대해 감사나 칭찬을 받고자 하는 생각이나 기대가 거기에 끼어 들어서는 안 됩니다.

40 │ 앙갚음하지 말자

남들이 아무리 해치거나 미워한다 해도 우리는 그것을 무시하고 앙갚음을 하지 않고 인내를 닦아야 합니다. 마찬가지로 우리는 노여움을 억지로 누르고 장래에 복수하려는 욕망을 쌓으면서 남의 해로운 행위를 자꾸보아서는 안됩니다.

41 │ 기다림

기다림에도 더 큰 기다림이 곧 찾아옵니다. 우리는 항상 기다림을 간파해야 합니다. 곧 더 큰 기다림이 닥쳐옵니다. 그러나 또한 계속 간파해야 합니다.

사원이나 사찰의 당전 처마끝에 매달아 침례자가 두들겨 치는 것을 말합니다. (절에서 사용하는 북모양의 종) 사찰의 종루나 처마끝 밑에 걸어 두고 공양 시간을 알리거나 대중을 집합하기 위한 목적으로 사용 되었지만 요즘은 법당에서 예불을 올릴때 종송과 함께 의식에 사용합니다.

43 | 산만하지 말자

우리들의 수행은 마땅히 한결같이 흐르는 강물과 같아야 계속 진보

할 수가 있습니다. 수행을 하다 안하다 하는 것은 결코 확고부동한 통찰로 이끌어 주지 못하기 때문입니다.

바로 지금 온 힘을 다 쏟자

정신적 스승을 만나 가르침을 받는 기회를 얻는 것, 마하야 나의 길에 접하게 되는 것, 보리심을 일깨워 낼 수 있게 되는것, 자유롭게 수행할 수 있게 되는것, 이런 모든 조건이 다 갖추어지기란 극히 어렵습니다. 대수롭지 않은 세속의 일에서도 돌아오는 기회를 놓치려는 사람은 없습니다. 그러므로 우리가 지금 이만큼의 조건을 갖춘 기회를 얻은 바에야 이것을 슬기롭게 쓰지 않고 지나가 버리게 해서는 안되는 것입니다.

45 | 세 가지 갈라놓을 수 없는 것을 지니자

우리의 몸과 입, 곧 말과 뜻이라는 세 문이 행복과 기쁨으로 이끌어 주는 온전한 행위에서 갈라놓을 수 없는 것이 되어야만 합니다.

46 │ 허풍을 떨지 말자

그저 조금 수행하고는 상대에게 마치 큰 일이나 해낸 것처럼 본인 자랑을 하는 것은 수행에는 거슬리는 일이며 그런 수행이라면 자제하여야 합니다

47 │ 세 가지 꺾이지 않는 태도에 대해 명상하자

(1)우리는 자기를 이끌어 주는 참된 스승을 향한 꺾이지 않는 헌신의 마음을 지녀야 합니다.

(2) 우리는 보리심을 가꾸고 그것을 내뿜기에 꺾이지 않는 기쁨과 행복을 느껴야 합니다. (3)그리고 우리는 가장 작은 벌레에 이르기까지 모든 지각 있는 생물들을 돕겠다는 꺾이지 않는 소원을 지녀야 합니다.

48 │ 세 가지 어려움을 이겨나가며 수행하자

감정의 움직임에서 오는 괴로움을 똑똑히 알아 내기란 어려운 일입니다. 그것의 이어짐을 끊어버리기란 어려운 일입니다. 오직 열심히 명

상을 함으로써만 우리는 이 세 가지 어려움을 정복할 수가 있을 겁니다.

49 | 자신의 능력을 과소 평가하지 말자

자기가 어떤 일을 해낼 능력이 있는지 없는지를 저울질하고 그러다가는 아무래도 자기 능력에는 부친다고 움추려들고 해서는 안 됩니다. 수행에 깊이 몰두해 있을 때 책임을 회피해서는 안 됩니다. 오히려 어떤 일이든 이로운 일에는 서슴없이 온 힘을 쏟아야 합니다. 우리는 마치 전혀 두려움이나 망설임 없이 어떤 임무에도 과감히 나서는 용사와 같아야 합니다.

그러나 수행의 초기 단계에서는 어려운 것을 덥석 붙드는 것은 슬기롭지 못 합니다. 왜냐하면 아직 그것을 해내기에는 미치지 못하는 마음의 힘이 자칫하면 불필요한 실망과 좌절로 끌고 갈 수도 있기 때문입니다. 아무튼 우리는 마음을 가꾸어 나가면서 마음 속에 맴돌고 있는 스스로 무능하다고 여기는 모든 미혹을 뿌리 뽑는 것이 매우 중요합니다.

곧 행위 '먹고, 말하고, 잠자고, 걷고하는 일상의 행위' 어느것도 헛되이 해서는 안 됩니다. 모든 행위가 하나의 행위, 곧 보리심 가꾸기가 되게 할 수 있는 것입니다.

우리가 비어있음에 대한 명상으로 들어갈 때는 먼저 우리 자신의 존재에서 '나'라는 생각을 명상하고, 다음으로 명상을 하는 그 마음까지 포함하여 밖의 현상들에 대해 그것들이 스스로 있다고 보는 생각을 살펴보는 명상*으로 넘어가야 합니다.

어리석음, 집착, 자존심에서 흔히 화려한 옷차림을 하기 일쑤인데, 그것은 그저 상대에 대한 자기 과시의 그릇된 생각을 드러내 보이는 것일 뿐입니다.

본인 자신이 하는 행위가 자신의 미래의 삶에 이로운 것인지, 아니면 그저 순간적인 쾌락을 위한 것인지를 가리기 위해 끊임없이 스스로의 마음이 흘러가는 모습을 살피고 분석해 봅시다.

---

*명상(冥想) : 고요히 눈을 감고 깊이 생각함.

53 │ 마음

　대단히 거슬리는 상황에서도 마음*으로 기쁨을 느낄 수 있다면 그것은 우리의 수행이 성취 되어가고 있다는 하나의 표시입니다. 이를테면 우리를 부당하게 비난하는 사람을 만나거나 또는 병을 앓거나 큰 뉘우침에 시달리고 있으면서도 속이 상하거나 흥분하지 않고 저절로 속에서 큰 기쁨을 느낀다면 그것은 바로 우리가 마음 바꾸기의 원리에 아주 익숙해지고 있다는 분명한 표시입니다. 그런 나쁜 상황에 부딪치지 않을 때는 당연히 행복하고 고요하고 편안함을 느끼게 마련입니다.

54 │ 비위를 건드리는 말을 들어도 그것을 메아리로 보자

　어떤 상황에서 언제든지 비위에 맞지 않는 사나운 말을 들을 때는 우리는 그것이 자기 자신이 전에 했던 소리의 메아리라고 여겨야 합니다. 불쾌한 소리는 우리 자신이 불쾌한 말의 메아리요, 찬양해 주는 좋은 소리는 우리가 했던 좋은 소리의 메아리인 것입니다.

－－－－－－－－－－－－－－－

*마음 : 사람이 본래부터 지닌 성격이나 품성.

| 그릇된 인연

그릇된 친구는 무섭고 머리에 뿔이 나 있지도 않고 이상한 옷을 입고 있지도 않지만 그릇된 그대가 우리를 생사 윤회의 속으로 깊이 더 깊이 빠트리기 위해 온갖 잔꾀를 짜 냅니다.

56 | 갖가지 방해를 받아도 능력만 있으면 스스로 익숙해질 수 있다

사람이 깊은 명상에 잠겨 있을 때는 본인의 마음을 흐트러지게 할 수 있는 외부적 상황이 그만큼 적어지며 감정의 흔들림도 슬며시 가라 않는 법입니다. 우리가 욕망과 자극에 흔들리지 않고 그런 흔들림을 불러 일으킬만한 산란한 상황이 벌어져도 여전히 고요하게 있을 수 있다면 우리는 마음을 지배할 수 있게 된 것입니다. 또한 그것은 바로 우리가 수행에 더욱 익숙해져 간다는 것을 보여주는 표시입니다. 그것은 마치 말타기를 배우는 것과 같다고 봅니다. 처음에는 말을 꽉 붙잡고 있어야 하지만 차츰 말에 익숙해 지고 말을 부리는 기술이 늘면 그때는 떨어질 것을 염려할 필요가 없을 것으로 보입니다. 그리하여 실제로 말에 올라 있으면서도 먹고 이야기도 하고 잠을 잘 수도 있을 것입니다.

석암문화재단 4층 불교관

57 | 집착

본인 자신의 머리 위로 돌을 던지면 그것이 곧바로 떨어져 머리를 치듯 우리는 자기 집착* 때문에 저질렀던 과거의 온전치 못한 행위들의 결과를 지금 겪고 있는 것입니다. 그러나 우리는 낙담할 것이 아니라 어려움이 그것을 원래 지어낸 원인은 우리의 자기중심적 태도를 벌주고 그림으로써 그것을 깨부수기 위해 돌이왔음을 오히려 고마워하고 기뻐해야 합니다.

58 | 이것과 저것을 거듭거듭 마음에 새기자

자기 스스로가 과연 마음을 올바르게 닦고 있는지를 우리는 끊임없이 되돌아 봅시다. 흔히 생길수 있는 그릇된 태도가 혹시 있지나 않은지 면밀히 지켜 보아야 하며 바른 생각을 가려내어 그것을 남김없이 써야 합니다. 이것과 저것은 마치 (나) 본인에게 써야 할 편지가 있다는 것을 때때로 거듭거듭 자신에게 일깨우는 것과 같습니다*

---

*집착(執着) : 허망한 분별로서 어떤 것에 마음이 사로잡혀 헤어나지 못함.

59 | 잇달아 다른 인연들을 보게 될 때는 서슴없이 기꺼이 주도록 노력하자

끊임없이 다른 사람들과 함께 살 때는 자기가 가진 물건을 아껴서는 안 됩니다. 언제나 후하고 너그럽게 대하여 '이것은 내 것'이라는 강한 집착의 생각이 자라나지 못하도록 해야 합니다.

60 | 정령

나무와 물 가까이에는 흔히 정령*들이 살고 있는데 그들을 건드리면 매우 해롭습니다. 이것을 알고 있는 사람들은 그들을 건드리지 않으려고 조심하며 그런 장소의 나무를 베거나 땅을 파헤치지를 않습니다. 자칫하면 우리는 그런 것은 다만 미신에 불과하다고 여기기 쉽고 또 우리와 같은 열성적인 수행자들은 조심을 할 필요가 없다고 생각하는 경우가 있습니다.

61 | 마음

거울의 밖의 것은 잘 비춰 보이지만 거울 자체는 절대로 비춰 보이

---

*정령(精靈) : 나무, 돌, 산, 강 등 모든 것에 제각기 정령이 깃들어 있다고 믿고 숭배하는 것이 정령 신앙임.

지 못하는 것과 같은 것입니다. 우리가 비판하는 날들의 허물은 실제로 우리 자신의 허물이 그들에게 내비춰진 것에 불과 합니다. 그렇지 않다면 그것들이 우리를 괴롭히지 않을 것이고 또 그것들을 우리가 눈여겨 보지도 않을 것입니다. 나아가 남들에게서 무엇이든 허물이나 결점이 보일때는 그것은 바로 모든 것이 독립적으로 따로따로 존재한다고 보는 우리의 통상적인 착각에서 비롯되는 지각에 불과하다는 사실을 깨달아야 합니다.

62 | 욕심*

물건이 부족한 나라에서 사는 돈 많은 상인이 모든 물건을 얼마든지 살 수 있는 나라에 갔다면 그는 그 나라에 마무르는 동안에 원하는 것들을 사야만 할 것입니다. 그렇지 않고 빈 손으로 돌아간다면 그는 그 좋은 기회를 놓칠 것이고 계속 불편한 생활을 할 수밖에 없다고 생각하기 때문입니다.

63 | (화) 머리에서 마음으로

처음과 끝에서 해야 할 일이 있습니다. 하루하루 아침에 일어날 때

---

*욕심(欲心) : 분수에 넘치게 무엇을 탐내거나 누리고자 하는 마음.

는 그날의 시간을 쓸모없는 활동에 낭비할 계획을 할 것이 아니라 몸
과 입과 뜻이 모든 행위를 가장 높은 보리심을 가꾸기에 집중하겠노라
고 결심해야 합니다. 하루의 끝에서는 그 날 한 행위들에 대해 명상하
고 그 모두를 되새겨 보도록 해야 합니다. 자기 자신과 다른 사람들을
위해 이로운 행위를 했을 때는 기뻐하고 그 모든 복을 다른 사람들의
궁극적 이익에 바쳐야 하겠습니다.

　반대로 그날 하루를 쓸데없는 활동으로 보냈다면 다시는 그런 행동
을 하지 않도록 스스로 경계하고 앞으로는 더욱 또렷또렷한 의식과 슬
기로써 모든 일을 해 나갈것을 결심해야 하겠습니다.

영적인 가르침을 받고 수행하는 과정에서 남들의 존경을 받고 이름이 나고 개인적인 이득을 얻고자 하는 욕망을 모두 버리기만 한다면 우리가 공부하고 실천하는 것은 무엇이든 다 우리에게 이로운 것이 될 것입니다. 아무리 몇 백 권의 책을 공부한다 해도 그것이 그저 지적 만족을 위한 것이라면 궁극적으로는 아무런 도움도 되지 못합니다. 반대로 단지 몇 마디의 핵심적인 가르침을 순수한 동기에서 소화 흡수한다면 그것은 이기적인 동기에서 10년을 공부 하는 것보다 더 값진 보람을 안겨줄 것입니다.

65 | 순종*

코에 고삐를 꿴 짐승은 그 고삐를 잡은 사람이 끄는 대로 따라갈 수밖에 없습니다.

그러나 그 고삐의 줄을 짐승 자신의 머리에 둘러 놓으면 그 짐승은 온순해지고 상냥해지며 사람이 원하는 대로 끌고 돌아다닙니다. 마찬가지로 우리가 윤리적 규범이라는 고삐를 스스로 우리 자신의 머리에 둘러 맨다면 뭔가 외부적인 도덕의 굴레에 매일 필요가 없을것 같습

---

*순종(順從) : 순순히 따름.

니다. 만약 규범이 안에서 나온다면 밖에서 이끌어 주는 힘은 필요가 없을것 같습니다.

66 | 겸손*

본인이 가진 지식이나 업적은 상대에게 자랑할 아무런 필요가 없겠습니다. 겸손하게 본인이 자신을 바라 볼 때 본인 자신이 얻는 것과 본인이 꿰뚫어 본다고 생각하는 것은 당연하게 항아리 속에서 타들어가는 등잔의 심지와 같습니다. 그 빛은 안을 비치기는 하지만 밖으로 드러나지 않기 때문입니다.

67 | 믿음**

상대에게 내 자신의 변화인 부처님 가피의 시작으로 변화가 된 우리를 이끌어 주는 그 정신으로 우리는 살아가고 있습니다. 그러나 상대는 문을 못 열고 있습니다. 그 자체 지켜 보고만 있어야 되기에 지켜보게 되었고 또 생각을 해 보고 이해를 해 보게 됩니다. 상대방이 적응할 때까지 변화를 기다리고 있습니다.

---

*겸손(謙遜) : 남을 존중하고 자기를 내세우지 않는 태도가 있음.
**믿음 : 어떤 사실이나 사람을 믿는 마음.

진주산성 촉석문

남들이 우리에게 보여 준 친절을 갚아 주고자 할 때 소원함과 어울려 우리는 그들을 위해 순수한 사랑을 명상해 봅니다. 사랑이 넘치는 가슴을 가꾸는 것은 우리들 자신의 행복을 위해 매우 중요하겠습니다. 남들의 정을 고마워 할 줄 모르면서 남들에게 친절을 기대할 수는 없습니다. 정을 주어야 받아지는 것입니다. 순수한 사랑을 명상하고 남들에게 사랑의 마음을 주는 것이 물질적 만족을 주는 것보다 낫습니다. 그 자체가 더 오래 가는 기쁨을 주기 때문입니다.

부러움 또는 시기는 행복에 대한 큰 장애입니다. 남들을 시기하고 있다면 우리는 끊임없이 감정의 소용돌이 속에 있는 것입니다. 누군가가 어떤 일에 성공을 했을때 그것을 부러워하는 데서 생겨나는 분노나 원한은 그에게 아무런 영향도 주지 못하였지만 자기 자신에게 부질없는 불행만 가져올 뿐입니다. 부러운 생각을 퇴치해 주는 것은 다른 사람들의 업적을 기뻐하는 일입니다.

　다이아몬드는 아주 작은 알갱이지만 다른 모든 보석들을 압도합니다. 왜냐하면 그것이 강하고 가장 빛나기 때문입니다. 그와 같이 보리심은 그저 부시시 처음으로 깨어나기 시작해도 벌써 아라한과 성문과 독각의 모든 성품을 능가하며 빛납니다. 또한 마치 그저 한가닥이 온 누리의 어둠을 몰아내는 힘이 있듯이 보리심이 안에서 떠오르기 시작하면 당장 슬픔과 괴로움의 내적 어둠을 몰아냅니다. 그리고 마치 어떤 병도 고치는 힘이 있는 만병통치약처럼 보리심은 시작하자마자 괴로움이라는 만성적인 병을 고치기 시작합니다. 보리심의 힘은 그야말로 독특하여 이 타락의 시대에(그것을) 일구어 내는 것은 특히 효과적이고 필요한 일입니다.

석정 박한영
대한제국 일제강점기 승려

71 | 명상 후

괴로움의 씨인 감정의 움직임 대부분은 명상에 잠겨있는 동안이 아니라 본인이 택한 명상 시간이 끝나 일상 활동에 들어간 때에 일어납니다. 그러므로 우리가 모든 현상의 겉모양과 우리들 자신의 자아를 마술사가 자신이 지어낸 환영을 대하는 것과 같은 태도로 다룬다면 감정의 움직임은 자꾸 일지만 어리석음이 붙잡듯 그렇게 집착하여 그것들에 얽매이지는 않을 것입니다. 이와 같은 슬기로운 의식은 아주아주 귀한것이며 모든 현상의 독립적 존재성에 집착하는 어리석음의 힘을 약화시키는데 도움이되겠습니다. 이렇게 하여 명상을 하는 시간과 명상 뒤의 일상 활동의 시간이 서로를 복돋우게 되는 것입니다.

72 | 장애*

우리는 어려운 장애에 부딪혔을때 다른 많은 사람들은 더 우리가 직면한 큰 어려움보다 훨씬 더한 어려움을 겪고 있다고 생각을 해야 합니다. 그러므로 다른 사람들이 겪고 있는 그 시련과 고통을 우리들 자신이 떠 맡겠다는 뜨거운 소원을 일구어 내어야 합니다. 이렇게 마음을 바꿈으로써 겉으로는 어려움 속에 있는 것처럼 보이지만 안으로는

---

*장애(障礙) 어떤 사물의 진행을 가로막아 거치적 거리게 하거나 충분한 기능을 하지 못하게 함.

크고 큰 다르마(법)의 진리의 수행을 행하고 있는것입니다.

73 │ 상승의 빛

우리가 가장 큰 적으로 인정해야 할 대상 우리가 겪는 모든 고통의
원인이고 모든 비난을 받아야 할 대상은 바로 우리들 마음 속에 있는
자기를 위하는 태도입니다. 남들의 친절을 항상 되새겨 봅시다. 인격이
어떻든 그런 것은 상관이 없습니다. 해를 주는 것처럼 보이건 이익을
주는 것처럼 보이건 우리에게 가까이 있는 그들은 모두 우리의 카르마
의 빚을 청산하는 일을 도와주고 있는 것입니다.

74 │ 집중 상태

창공에서 독수리가 지나치게 힘을 쓰지 않고 그저 이따금 날개를
놀리는 것만으로 높이높이 하늘에 오를 수 있듯이 우리는 비어 있음
이 허공에 높이 떠 머물러 있으면서 어쩌다 우리의 집중이 지루함이
나 멍청함 속으로 빗나갈 때에만 그때 그때 '자아'의 정체를 날카롭게
파헤치고 따져보기를 다시하여 집중 상태로 돌아 가도록 해야 합니다.
집중 상태로 다시 가기 위해 파헤쳐 따져보는 명상을 한 다음에는 힘

진주 석암역사문화재단

을 거두어 명상이 힘 안들이고 편안하게 비어있음을 놓여 있게 하여야 합니다. 그런데 이 파헤치고 따지기만을 또 계속하고 있다면 그 자체는 마치 독수리가 아닌 작은 새가 날개를 계속 파닥 거려 보아도 아주 높이는 오르지는 못하는 것처럼 우리의 명상은 발전을 하지 못하게 될 것입니다.

75 | 숨을 내쉬고 숨을 들이 쉬며 명상하자

들이 쉬는 숨과 내쉬는 숨을 이용하면 이러한 수행은 쉬워집니다. 먼저 남들의 모든 괴로움을 거두어 자신이 받겠다는 원을 일으키면서 천천히 또 조용히 숨을 들이 쉽니다. 그 괴로움이 검은 연기가 되어 들이쉬는 숨을 따라 속으로 빨아 들여지는 것입니다. 그리고는 자신이 쌓은 모든 덕과 복을 남들에게 주고자 하는 원을 일으키면서 숨을 내

일송 김동삼 독립운동가(1878~1937)

쉬는데, 속에서 희고 맑은 빛이 나와서 내쉬는 숨에 실려 기도를 거쳐 밖으로 나가는 모양을 마음에 그려 응시합니다. 이 밝은 빛이 사방으로 퍼져 나가면서 모든 중생들에게 행복을 주는 것입니다.

76 | 가짜? 진짜?

가짜의 모습은 화려함을 그리워하며 계속 마음의 변화를 추구하며, 본인 또한 그 모습이 자기의 모습으로 인식하며 살아가고 진짜의 모습은 평범한 자체를 순응하며 그대로 본자체 또한 그상태를 기본이라 하고 생각을 합니다.

77 | 허물*

사물의 본성이 덧 없다는 데서 나오는 변화의 괴로움은 대개 그것을 괴로움으로 보지 않습니다. 왜냐하면 그것을 대개 참된 행복으로 착각하고 있기 때문입니다. 이를테면, 사람들 대부분은 물질적 만족과 공급이라는 면에서 생활을 보장해주는 세속적인 목표가 달성되면 그것으로 충분히 행복과 마음의 평화를 얻을 수 있다고 생각합니다.

---

*허물 : 잘못 저지른 실수

누구든 우리를 해치는 것처럼 보이는 사람은 그렇게 우리에게 어려움을 안겨줌으로써 우리의 지난날. 미숙한 행위들이 더심한 꼴로 나타나는 것을 막아주는 고마운 조정자로고 여겨야만 합니다. 우리를 해치려고 하는 사람들은 참으로는 우리를 이롭게 해주는 은인들입니다.

79 | 믿음

우리는 윤리적인 규범은 지켜야 합니다. 그것이 무너지게 하지 말며 우리의 몸과 말과 뜻을 통해 행동의 정직성을 지켜나가야 겠습니다. (열 가지 온전치 못한 행위란) 죽이기, 훔치기,간음, 거짓말,이간질,비방하기, 실없는 말 하기, 남의 것 탐내기, 남을 해치기 그리고 불성과 인과의 법칙을 믿지 않는 따위의 그릇된 견해를 품는 것입니다.

---

*견제(牽制) : 일정한 작용을 가함으로써 상대편이 지나치게 세력을 펴거나 자유롭게 행동하지 못하게 억누름.

4층 불교관

80 | 노여움과 교만을 정복하고 겸손한 마음을 가지자

노여움과 교만은 모든 마음의 움직임 가운데서도 가장 나쁜것입니다. 노여움은 가장 강한 집착보다도 더 나쁩니다.

집착은 온전치 못한 것이기는 하지만 그래도 남들에게 그리 심한 괴로움은 주지 않습니다. 그러나 노여움은 곧바로 남들과 자기 자신에게 해를 미칩니다. 노여움과 교만은 보리심의 힘을 상당히 약화시킵니다.

81 | 노여움과 교만을 정복합시다

자만심이 강한 사람은 스스로를 남들보다 우월하다고 상상하며 따라서 남의 도움말을 결코. 듣지 않습니다. 들어야 할 것을 듣지 않으니 그런 사람은 아무것도 제대로 새겨 자기의 것으로 흡수하지 못합니다. 그런 사람들은 자신이 아주 똑똑하다고 여기기 때문에 항상 제 위치만 지킵니다. 마치 높은 고원은 여름이 되어도 가장 늦게 풀이 돋아 푸르러지듯이 교만한 사람은 무엇을 참으로 아는 것도 맨 나중일 수 밖에 없습니다. 사람이 최소한 노여움과 교만을 스스로 다스려 모든 행동에서 겸손해 진다면 그는 가는 곳마다 누구에게서나 환영받고 행복해 질 것입니다.

　지금의 이 시대는 각종 사고와 예측할 수 없는 재난에서 오는 생명의 위험이 갈수록 늘어가니 사람은 몇 살에 죽을지 예측하기 어렵습니다. 이시대 지금 사람들의 믿음이 크게 타락하고 있지 않나 생각을 해봅니다.

　오늘날에는 그릇된 견해와 철학, 특히 인과 법을 부정하고 성불은 불가능하다는 따위의 거짓 믿음이 판을 치고 있습니다. 이 시대에 살고 있는 사람들은 혼란과 의미있는 지향점의 부재에 계속 시달리고 있지만 보리심을 일굼으로써 이런 사나운 상황을 해탈에 이르는 길로 돌려 놓을 수가 있는 것입니다. 그러므로 보리심을 일깨워 내고 그리하여 자기 자신을 지킬 마음의 무기를 얻는 것은 아주 귀하고도 불가피한 요구입니다. 보리심의 힘은 그야말로 독특하여 이 타락의 시대에 그것을 일구어 내는 것은 특히 효과적이고 필요한 일입니다.

자연은 침묵의 소리를 좋아합니다. 자연은 침묵의 소리를 들을 수 있는 자연인과 공유하고 싶어합니다. 침묵의 소리는 정당한 자신의 권리를 주장하는 자유인이 자기 자신의 뼈깍는 노력이 뒷받침이 되어야 자연과 공유하는 침묵의 소리를 들을수 있습니다.

84 | 먼저 어떤 마음의 괴로움이 가장 무거운 지를 가려 그것을 밝히자

돌고 도는 삶과 죽음의 순환속에 메어 있는 존재들은 누구나 크고 작은 마음의 괴로움을 안고 있습니다. 그런데 그 괴로움을 들어보면 욕망, 공격성, 교만 질투, 또는 무지 등입니다. 우리는 자신의 안을 들여다 보아 어떤 것이 가장 심각한 지를 가려 내고 그 반대의 힘을 가하여 그것을 씻어 버려야 합니다. 집착과 욕망이 가장 큰 것이라면, 우리는 특히 몸의 덧없음과 깨끗치 못함을 명상해야 하겠죠? 미움과 공격성이 두드러진다면, 비어 있음을 명상하여 슬기로운 의식을 가꾸어야 하겠습니다.

광산김씨 교지

우리가 죽을때 반드시 고려해야 할 것은 환경입니다. 대부분은 사람들이 죽을 때는 되도록 많은 사람이 둘러싸고 있어야 한다고 생각하지만 사실은 죽음의 자리에는 사람들이 적을수록 좋습니다. 울음과 비탄에 쌓여 있는 것은 다만 우리의 마음을 어지럽히는 외부적 자극이 될 뿐이며 사실상 매우 해롭습니다. 우리에게 능력이 없고 온 생애를 그저 부덕한 행실로 보냈을 뿐이라면 죽음이 다가올 때 아무리 최후의 의식을 크게 한다 해도 달라지는 것은 전혀 없을 것입니다. 그런 것은 엄격하고 강력한 인과의 법칙에는 아무 소용도 없기 때문입니다.

86 | 참선*

화두를 일념으로 두고 참선을 하는 동안에 쓸데없는 생각들에 대해서는 그것들을 마치 대해의 한복판을 가고 있는 배에 있는 새 한마리처럼 여겨야 할 것입니다. 그것이 배에서 날아 오른다면 처음에는 정처없이 한참을 날아가겠지만 가도가도 망망대해이니 오래지 않아 다시 돌아올 겁니다. 마찬가지로 참선하는 동안에 혹시 부질없는 생각이 일어나 우리가 그것을 억누른다면 이는 공연시 일을 복잡하게만 만들

---

*참선(參禪) : 선자에게 나아가 선도를 배워 닦거나 스스로 선법을 닦아 구함.

게 될 것입니다. 그러지 말고 그런 무관한 생각은 일어나는대로 내버려두며 거기에 말려듦이 없이 그것이 어떻게 펼쳐지며 어떤 성질이 있고 어떻게 떠도는지를 지켜보아야 합니다. 이렇게 지켜보노라면 그 무관한 생각은 점점 작아질 것이고 마음은 제 자리인 배 곧 참선의 대상이 해결될것입니다.

87 | 판단1*

일이 잘못 되는 것과 몸에 상처나 해를 입는 것은 모두 자신이 과거에 한 미숙한 행위의 결과라고 생각해서 스스로 책임을 지는 것은 슬기로운 수행입니다. 우리는 자기가 전생 과거에 혹시 나쁜 행위를 저질렀음을 생각도 해봐야 하며 현재의 어려움이 바로 거기에서 나왔음을 보아야 합니다. 재빨리 그렇게 함으로써 마음의 갈등은 끝나 버립니다.

88 | 판단2

온전치 못한 행위를 쌓아 나가는 것은 자기 자신의 전생의 고통으로의 결과입니다. 부정적인 행위와 문제를 끌어 모으는 데는 곡괭이와 삽

---

*판단(判斷) : 사물을 인식하여 논리나 기준 등에 따라 판정을 내림.

을 들고 열심히 땅을 팔 필요가 없겠습니다. 그저 가만히 앉아 어두운 생각만 잡아내면 되는 것입니다. 문제가 밖에서 온다고 여기는 것은 잘못입니다. 모든 것은 자기 자신이 만들어내는 것입니다. 우리가 현재의 안을 살피고 찾는다면 영원한 행복의 상태에 닿을 수 있으려니와 혼란과 갈등의 원인을 밖에서 찾는다면 절대로 해결책은 나타나지 않을 것입니다. 자기 마음에서 찾아야하겠습니다.

89 | 사람들에게 고요하고 상냥하게 말하자

우리는 행동에 있어 서성 거리고 허둥대서는 안되며 고요하고 차분해야 합니다. 어떤 사람은 가령 누가 길을 물으면 잘 알아 듣지도 못하게 퉁명스런 몸짓으로 거칠게 대답하고 마는데 우리는 그런 사람들처럼 오만한 태도를 보여서는 안 됩니다. 교만하고 우쭐대는 것은 그릇된 지각만을 더욱 키울 뿐입니다. 그런 태도는 다른 사람들의 반감을 결정적으로 불러 일으킵니다. 자기 중심적인 사람은 누군가를 도와주기 위해 제 길을 벗어나려 하지 않습니다. 어떻게 도와주면 된다는 것을 알 때 조차도 오히려 반대의 말을 하여 의도적으로 상대에게 악의를 사기도 하는 것입니다.

비어 있음을 깨닫기는 어렵지만 안으로 우리들 자신의 존재에 대해 그리고 밖으로 모든 현상들에 대해 명상함으로써 모든 것이 따로따로 스스로가 있다는 어리석은 생각이 옳지 않다는 것을 인식하는 것은 가능합니다. 마음은 손님이 방으로 들어오듯 어디에서 오는 것이 아니며 또 어디로 가는 것도 아닙니다. 마음은 모양도 없고 색깔도 없으며 어떤 한 곳에 들어 있지도 않습니다. 사실상 마음이란 것은 전혀 만져지지 않으며 오직 두 가지의 것 곧 지각이 되어지는 대상과 지각하는 주관에 의존합니다. 지각하는 주체는 한 무리의 감각 기관들입니다. 명상을 하고 나면 전의 그 어리석은 생각이 비어있음을 인정하게 됩니다. 그렇다고 이 비어 있음이란 '마음' 그것이 '없음'을 뜻하는 것이 아니라 붙을수도 있고 떼어낼 수도 있는 그런 '마음'은 없다는 말입니다. 마음은 분명 있습니다. 그렇기에 우리는 그것을 명상에 쓸 수가 있는 것입니다.

우리는 말과 뜻의 대문에 반성과 '깨어 있는 마음'과 '주의 깊음'이라는 보초를 세워놓고, 몸과 말과 뜻이 그 세 대문을 거쳐 나가 온전치 못한 행위를 저지르지 않도록 해야 합니다. 안에 들어있는 깨달음이라는 보배를 안전하게 지키기 위해 이 세 문을 안과 밖에서 잠가 놓아야 하는 것입니다. 우리는 주의깊게 돌이켜 보고 기억하는 마음의 기능이 무엇일까 생각해봅니다. 마음의 기능은 마치 쇠갈퀴와 같다고 응용해 봅니다. 마음이 온전치 못한 곳으로 방황할 때는 이 쇠갈퀴가 그 떠도는 마음을 나꿔채서 다시 온전한 자리로 끌어와야 합니다.

92 | 계율*

계율을 잘 지킬려고 노력하는 사람은 인과의 법칙에 대한 깊은 신념에 따라 끊임없이 똑똑히 깨어있는 의식과 단련과 순수한 윤리로써 스스로를 모든 미숙한 행위로 부터 지켜 나가야합니다. (만약) 우리가 이러한 위대한 사람과 같아질 수 있다면 그것은 바로 우리의 마음이 수행에 잘 익어가고 있음을 보여주는 또하나의 표시입니다.

---

*계율(戒律) : 몸과 입과 뜻에 의한 일체의 악을 방지하기 위하여 불교에 귀의한 사람이 지켜야할 행위규범을 가르치는 불교용어.

93 | 남들에게 도움 말을 줄 때에는 동정심을 가지고 상대의 이익을
생각해보자

만약 충고나 가르침을 주어 남들을 도우려 할 때는 동정심과 자비심에서 그렇게 해야 하며 결코 돈이나 명예나 존경을 얻기 위해, 또는 빗나간 자만심에서 자기가 해야 한다는 생각에서 해서는 안 됩니다. (제자들에게 대해 사랑과 자비를 느끼는 스승이 학생을 훨씬 잘 가르칠 수가 있는 법입니다.) 이런 성품 없이는 의심의 골짜기를 메우지 못합니다.

94 | 나

'나'라는 것이 따로이 스스로 있다는 생각과 밖의 사물들이 따로 있다는 생각을 고요함이라고 합니다. 이것이 든든할수록 명상을 하지 않을때 곧 명상을 마치고 나서 다음 명상 시간까지 다른 여러 활동을 하는 동안의 우리의 견해가 더욱 맑아지는 것입니다.

95 | 환영*

능란한 마술사는 본인의 기술로써 돌맹이에서 새의 환영을 만들어 내는 따위로 어떤 것을 다른 것으로 바꾸어 보일수가 있습니다. 마술로 돌맹이를 새로 바꾸어 놓으면 마술사가 자신과 구경꾼들 양 쪽이 그 새를 봅니다. 그러나 마술사 자신과 구경꾼들이 그 새를 보는 태도 사이에는 중대한 차이가 있습니다. 마술사는 자기가 스스로 지어낸 것에 속지 않습니다. 왜냐하면 그는 자기의 능력으로 그렇게 보이게 했음을 알고 있기 때문입니다.

96 | 적은 것에 만족하자

자기가 가진것에 만족할 줄만 안다면 그것은 우리에게 마음의 평화를 가져다 줄 것입니다. 가진 것에 만족한다면 쓸데없는 것들을 얻으려고 애쓰지 않습니다. 무엇을 가지려는 행위에 따르는 어려움과 그것을 얻지 못하는 실망이라는 두 괴로움을 우리는 떨쳐 버려야 합니다. 작은 욕망에는 만족이 뒤따릅니다. 이 두 가지 성품이 없으면 경쟁적인 사람이 될 수 밖에 없습니다.

———————————
*환영(幻影) : 눈 앞에 없는 것이 있는 것처럼 보이는 것.

97 | 겸손

겸손함으로 우리는 자신이 이룩한 것과 장점을 숨겨야 하며 반면 남들의 훌륭한 점은 들춰 내어 알려야 합니다. 그렇게 칭찬해 주는 것이 상대를 교만하지 않도록 만들어 주는 것입니다. 남의 결점을 들추는 것은 실제로 제 허물을 숨겨 보려는 부질 없는 행동입니다.

98 | 귀한 모습

우리가 얻은 이 인간의 삶을 잘 쓰기만 한다면 해내지 못 할 일이 없습니다. 인간은 다른 생물들이 갖지 못한 특별한 지성을 타고 났습니다. 때문에 이 지성을 통하면 무엇이든 가능한 것입니다. 인간은 누구나 지성을 지니고 태어난 것은 확실하지만 많은 사람들은 그것 자체를 제대로 쓰지를 않고 심지어 어떤 사람은 그것을 완전히 반대 방향으로 잘못 써 불필요한 세상사에 그 잠재력을 계속 낭비 하고 있습니다. 인간의 생명이 그저 세속적인 목적에만 쓰인다면 아무리 그 목적이 원대한 것이라 해도 거기에는 언제나 한계가 있기 마련입니다. 그러나 그 마음을 개발하는데 지성을 모아 사용한다면 인간을 혼란과 갈등으로부터 완전한 자유 곧 완전히 깨달은 상태로 이끌어 주게 됩니다. 완전히 깨달은 상태는 곧 모든 장애와 고통을 떨쳐 버린 상태이며 무한히 훌륭한 성품이 갖추어진 상태입니다.

혼자 있을때 마음을 살펴야 합니다. 마음이 한 곳으로 집중이 되지 않으면 우리의 마음은 잠시도 가만히 있지 못하는 어린아이와 같습니다. 집중력을 이루기 전이라도 흩어지는 마음은 집중 상태에 머물러

4층 불교관

있도록 끊임 없이 뒤로 끌어오도록 해야 합니다. 어떤 상인이 명상을 하곤 하는데 그는 명상을 하면서 자기가 하는 장사를 잘 생각하여 고용인들에게 무엇을 일러 줄것인지를 생각해 냅니다. 그리고 그는 명상을 마치고 일어나면 그렇게 생각해 냈던 것들을 깡그리 잊어버리는 것입니다. 그리하여 그 상인은 또 그것을 생각해 내려고 주기적으로 명상으로 돌아가곤 한다고 합니다. (우리는 그런 부질없는 마음의 방향을 피해야 합니다)

100 | 죽음과 덧 없음

삶의 덧 없음은 누구나 다 압니다. 그것은 어떤 사람에게나 너무도 분명합니다. 우리가 일단 지혜의 바탕을 갖춘 인간의 모습으로 태어난 바에야 그것을 내적 발전의 수행을 위해 쓰기를 미루어서는 안되지 않겠어요? 삶은 영원한 것이 아니기 때문입니다. 더구나 우리는 이 귀한 기회가 언제 사라질지 결코 알지 못합니다 . 이것은 신분이나 나이나 건강 상태와는 관계없이 누구나 마찬가지입니다. 지금은 너무 바쁘니까 또는 나중에 좀 더 시간이 나면… 하는 따위의 생각으로 수행을 하고 있다면 그것은 어리석음이 아닐수 없습니다. 우리는 이미 건강하고, 기운이 있고, 또 필요한 자질을 모두 갖추고 있으니 미루지 말고 살아 있을때 기회로 생각하고 당장 활용해야 하겠습니다.

모든 사람이 하나의 거푸집 틀에 부어 내듯이 다 똑같이 깨닫는 것
이 아닙니다. 각자가 다른 특성을 지니고 있기 때문입니다 이 점을 유
의하여 우리는 각자 자신에게 가장 알맞는 방법으로 수행하고 있습니
다. 그렇지 않는다면 우리는 마치 박물관의 안내자처럼 전시된 물건들
에 대해 상세히 알고 있기는 하지만 그 물건들이 그 자신에게 아무런

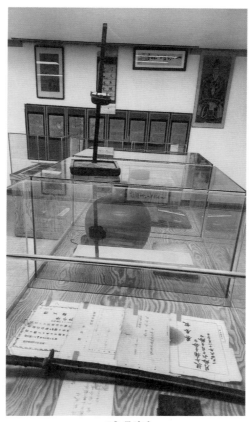

2층 문화관

특별한 의미가 없는 것과 같이 될 뿐입니다. 수행이라는 의미에 있어서
는 덮어 놓고 남의 본을 따르지 말아야 합니다. 자신의 능력을 살펴보
아 거기에 맞게 명상해야 하는 것입니다. 그렇지 않을 때 돌아오는 것
은 좌절 뿐입니다.

102 | 복을 나누자

　　우리가 하는 능숙한 행위들을 우리 자신과 또한 모든 중생들의 성
불을 위해 바치는 것은 마치 누군가에게 그 자체들을 보관해 달라고
청하는 것과 같습니다. 생각해 보면 우리가 능숙한 행위의 덕을 이 최
고의 목표에 바치지 않는다면 거기에서 비롯되는 복이 그저 세속적인
이익으로 끝나 버리거나 아니면 노여움 같은 부정적인 감정에 의해 아
깝게 파괴되어 버리고 말 수도 있습니다.

103 | 네가지 성스러운 진리

　　(1) 고성제—모든 존재는 괴로움에서 벗어날 수 없으며, 괴로움이야
　　　　말로 이 현실 세계의 참다운 모습입니다.
　　(2)집성제—그와 같은 괴로움은 그릇된 애욕과 집착 때문에 생기

는 것입니다.

(3) 멸성제—헛된 애욕과 집착이 없어지면 괴로움에서 벗어날 수
있습니다.

(4) 도성제—괴로움을 극복할 수 있는 구체적 실천 방법을 말합니다.

위와 같이 부처님의 모든 가르침은 네가지 성스러운 진리로 요약 될
수 있습니다. 요컨데 괴로움과 괴로움의 원인 괴로움의 제거 및 괴로움
의 극복하는 길이 위의 네 가지를 말합니다. 이 네 가지 성스러운 진리
는 각각 본인이 알아내야 할 것, 본인이 없애야 할 것, 본인이 깨달아
실현시켜야 할 것, 본인이 실천해야 할 것을 가르칩니다.

104 돌고 도는 삶과 죽음의 허물

한 생애 속에서의 친구들, 부, 사회적 지위의 불확실성이라는 괴로
움이 있습니다. 한때는 주인이던 사람이 당장 굴러 떨어져 고용인이 되
고 서로 싸우던 두 나라가 금방 동맹국이 됩니다. 그자체 절대로 만족
되지 못한다는 괴로움이 있습니다. 설령 지금 충분한 재물이 있다 해
도 우리는 항상 더 많은 것을 갈구합니다. 하나의 목표를 애써 이루고
보면 다시 애쓰지 않을 수 없는 다른 목표가 기다립니다. 지금 있는 것
에 절대로 만족하지를 못하기 때문입니다. 우리가 항상 불만족의 상태

라면 아무리 재물이 있어도 마음으로는 가난뱅이일 뿐입니다.

105 | 삶과 죽음

우리는 태어나고 앓고 죽을 때 아무도 함께 하는 사람 없는 외롭다는 괴로움이 있습니다 이 삶 속으로 들어 오고 또 여기서 나갈 때 우리는 언제나 혼자인 것입니다. 실제로 우리를 따라 다니는 유일한 것은 이 삶과 지나온 여러 삶에서 지었던 도덕적이거나 또는 부도덕한 행위들에서 비롯된 버릇들일 뿐입니다.

106 | 인간의 허물

또 다시 태어남의 끝없는 괴로움은 우리가 헤아릴 수 없이 많은 삶을 거쳐 오면서 무수히 그때 그때의 모습을 얻었다가는 버렸음을 뜻하니 그렇게 버린 과거의 '몸'을 쌓아 놓는다면 산더미처럼 쌓일겁니다. 반복되는 잉태의 괴로움은 그저 우리가 거듭 거듭 잉태되어 항상 괴로움의 모습을 띠게 된다는 것을 뜻합니다.

우리가 스스로 자신을 풀어 놓지 않는 한 그렇게 돌고돌기를 끝없이 되풀이 할수 밖에 없습니다. 그 다음은 뒤바뀜의 슬픔입니다. 애

써 모아놓으면 반드시 나가 버리고 높아
진 다음은 밑으로 떨어지며 만나면 헤어
짐이 오고 삶 뒤에는 죽음이 옵니다.

107 | 관세음보살*

범어로는 '아바로키테스바라'이고 관자
재, 관세음, 광세음, 관세음자재, 관음 등
으로 한역됩니다. 대자대비를 근원 서원
으로 하는 보살입니다. 특히 우리나라에
서는 불교의 교주이신 석가모니부처님이나 정토신앙의 대상인 아미타
불보다 더욱 많이 신앙되어 오는데 관세음보살이 현세 이익을 가장 많
이 시여하는 데서 기인한다고 볼 수 있습니다. 가장 널리 알려진 이름
으로는 관자재보살과 관세음보살인데 그 중 관세음보살님을 더욱 많이
일컬어지고 있습니다. 관자재는 중생의 근기를 관찰함에 있어서 자재
하다는 의미로 지혜를 바탕으로 설해진(반야심경) 등에서 불리는 이
름입니다. 관세음은 세간의 갖가지 고뇌와 음성을 관한다는 입장에서
자비를 바탕으로 설해지는 <법화경>을 비롯한 여러 경전에서 관세음
보살님을 불리고 있습니다.

---

*관세음보살(觀世音菩薩) : 자비로 중생의 괴로움을 구제하고 왕생의 길로 인도하는
불교의 보살

세속의 사람들은 사물을 세가지 방식으로 인식합니다. (1) 마음에 드는 대상에게 집착과 욕망이라는 독을 품어 봅니다. (2) 마음에 들지 않은 대상은 혐오와 증오라는 독을 품어봅니다. (3) 무관심한 대상은 그들의 참모습 곧 비어 있는 본성을 무시하는 독을 품고 봅니다 명상에서는 윤회하고 있는 모든 존재들에게서 나오는 이 세가지 독을 모두 자기에게로 가져오는 것을 상상해봐야 합니다. 왜 그렇게하여 그 세 가지 그릇된 태도를 곧 세가지 덕의 씨, 집착하지 않음과 침범하지 않음과 무시하지 않음으로 대처하는 것입니다.

나날의 생활 가운데서 우리의 에너지를 그저 지식의 단편들을 모아 들이는 데만 쓸 것이 아니라 사물 속내의 통찰을 통하여 이 가르침들이 참됨을 경험해 나가도록 힘써야 합니다. 만약 그렇게 하지 않는다면 우리는 마치 이 가게 저 가게로 들어가 물건의 값을 묻고 품질을 비교해 보고 하면서도 돈이 없으니 아무 것도 실제로 사지는 못하는 사람과 같은 처지가 될 뿐입니다. 이런 가르침들을 주의 깊게 듣고 잘 배우고. 그리고는 그 자체를 실천으로 옮겨 그 참됨을 깨닫게 될 때 비로소 우리의 노력은 가치가 있고 결정적인 보람을 얻게 될 것입니다.

110 | 도둑은 없다

만약 도둑 하나가 어떤 집 속의 여러 사람들 가운데 섞여 있는데 그놈을 몰아 내고 자신있게 집안에는 도둑이 없다고, 말하려면 맨 먼저 (도둑) 그놈을 가려내야 합니다. 마찬가지로 '나'라는 것을 붙잡는 어리석음을 곧바로 깨부수는 길인 '비어있음'을 위하여는 반드시 이 어리석음의 대상과 그런 어리석음이 사람과 모든 외부의 현상들을 스스로 실존하는 것으로 여기고 고집하는 방식을 인식해야만 합니다. '비어있음'에 대해 규칙적으로 명상하지 않고 그저 단순히 그것에 관해 읽고 듣고 공부하는 것만으로는 절대 직관적 깨달음으로 이끌어주지 않기 때문입니다.

꿈을 꿀 때는 꿈 속에 나타나는 것들 모두가 그대로 현실처럼 여겨지지만 사실은 모두 마음의 환영입니다. 마찬가지로 하나 하나의 현상이 환경, 원인, 상태 그리고 우리가 그것들에게 달아놓는 마음의 꼬리표와는 무관하게 그대로 독립적으로 있다고 여기는 것은 꿈을 현실로 보는 것과 같습니다.

이 견해는 현실에 바탕한 것이기는 하지만 완전히 잘못된 근거없는 견해입니다. 그러나 꿈의 비유를 지나치게 말 그대로 받아들여서는 안됩니다. 꿈 속에서 보는 것들의 모양에 전혀 객관적 실체가 없으니 말입니다. 만약 우리가 그런 논리를 그대로 현실에 적용하여, 모든 동물이나 현상의 모습이 확실히 나타나 보이지만 사실 그것들은 없는 것이라고 생각한다면 우리는 극단적 허무주의에 빠질 수 밖에 없습니다. 정말로 있는 것은 아무것도 없다는 따위의 그릇된 결론은 위험하고 전도된 견해이며, 그런 생각을 갖는 것은 마치 독사의 꼬리를 쥐는 것과 같은 것입니다.

현실을 꿈에 견주어 모든 것은 독립적인 자기 존재성을 갖고 있는 것 같지만 실은 꿈 속의 것들처럼 존재하지 않는다고 생각하는 것은 우리의 어리석은 생각입니다. 이것은 결코 부정이 아닙니다. 만약 우리가 존재하지 않고 있다면 우리는 참선도 할 수 없고 명상도 할 수 없고 비어있음을 깨달을 수도 없으며, 또 온갖 사물에 접촉할 수도 없습니다. 우리가 존재하지 않는다면 대체 우리가 존재하지 않는다고 생각하는 그는 과연 누구인가? 우리는 분명히 존재하고 있습니다. 다만 우리의 어리석음이 보는 것처럼 그런 식으로는 존재하지 않는다는 것입니다.

수행에서는 집착을 버릴 것을 아주 중요시 합니다. 왜냐하면 집착은 우리가 살고 있는 이 삶에서의 행복을 빼앗아 갈 뿐만 아니라 보다 나은 환생, 윤회로부터의 해탈, 또는 마음의 자유를 이룩할 기회마저 산산히 뭉개 버리기 때문입니다. 감각적인 탐욕과 열정의 집착에 맞서는 힘으로서 우리는 굳센 윤리성을 지녀야 합니다. 집착은 결코 좋은 환생을 가져다 주지 않으며 그것은 해탈의 생명을 죽입니다.

114 | 나쁜 것 좋아하지 말자

　나쁜 것 좋아하기에서 언제나 떨어져 있어야 합니다. 우리는 그릇된 행동에서 나오는 쾌락을 물리쳐야 합니다. 감정의 충동을 따라 하는 행동에서 나오는 즐거움은 곧 고통으로 결과로 이어지기 때문입니다. 자기 자신이 스스로의 어둠의 바람에 나부끼게 하는 것은 바로 자신이 완전히 뒤집힌 방식으로 살고 있다는 것을 나타내는 증거입니다. 마땅히 우리는 능숙한 행위와 명상에서 나오는 영원한 기쁨을 맛보아야 합니다.

115 | 뒤집는 것들이 나타나면 바로 비어 있음을 명상하자

　어떤 사람이나 어떤 것에 대한 강한 집착 또는 혐오가 일때는 그것을 마치 우리가 꿈이나 헛개비 또는 그림자를 볼 때처럼 여기는것이 효과적입니다. 꿈은 생생히 나타났다 사라졌다 하지만 환영이나 환각처럼 아무런 실체가 없습니다. 무엇이든 감정의 동요가 일어나게 하는 것은 바로 환영으로 넘겨야 하겠습니다.

116 | 사물의 변천

사물의 변천이 바로 괴로움의 원인이라는 것을 깨닫지 못하고, 사람들은 사물을 마치 지속적인 만족을 낳아줄 수 있는 영구한 실체로 알고 집착합니다. 그러나 모든 사물의 본성인 덧없음은 오래지 않아 그런 사람들이 그때 그때의 생활기준에 맞추기 위해 새로운 것으로 다시 바꾸지 않을 수 없게 될 때 고통을 맛보게 합니다.

이런 종류의 괴로움은 한때는 즐거움을 주지만 얼마 안 가서 그것이 불만족으로 바뀌는 모든 사물에 따라다니는 '괴로움'입니다. 인용을 해보면 마치 무더위가 싫어 시원한 곳으로 가지만 머지 않아 그 자체가 불만스러워지는 것과 같습니다.

117 | 마음을 살펴봅시다

우리가 존재하지 않는다면 대체 우리가 존재하지 않는다고 생각하는 그는 누구인가? 우리는 분명히 존재합니다. 다만 우리의 어리석음이 보는 것처럼 그런 식으로 존재하지 않는 것입니다. 만약 우리가 노란 색 안경을 쓰고 눈 덮인 산을 본다면 그 산은 노랗게 보일 겁니다

그러나 그 노란색 안경을 벗고 보면 그 때는 희게 보일 것입니다. 마찬가지로 모든 현상이 그 원인과 조건 그리고 우리가 그것들을 지각

하는 방식과는 상관 없이 따로 떨어져 존재하는 것처럼 보이는 것은 우리의 지각과 의식이 자기집착의 어리석음에 가려져 있기 때문입니다. 이 어리석음의 작용은 바로 흰 눈을 노랗게 보이게 하는 노란 안경이 작용한 것입니다. 노란 안경 때문에 산을 덮은 눈은 노랗지가 않지만 노랗게 보이는 것이고 흰 눈 그것은 흰 눈으로 확실히 존재합니다. 각각 따로 떨어져 스스로 존재하는 것처럼 보이는 모든 현상이 있기는 확실히 있지만 따로 떨어져 독립적으로 있는 것은 아니라는 말입니다.

4층 불교관

외부의 사물들 모두가 그것들에 대한 우리의 지식이나 지각또는 그것들에게 달아 놓는 마음의 꼬리표와는 아무 상관도 없이 스스로 독립적으로 존재하는 것처럼 보이는 것은 어리석음에서 나오는 견해입니다. 모든 것이 본래 독립적인 자기 존재성을 지니고 우리가 믿는 것은 다만 우리의 마음이 어리석음으로 흐려져 있기 때문입니다. 이 잘못된 견해에서 욕망, 탐욕, 미움, 자랑 그 밖의 모든 마음의 고통이 오는 것입니다.

옛부터 흔히 써온 비 존재의 한 비유는 "토끼의 뿔"입니다. '토끼의 뿔'은 완전히 비 존재이니 우리는 절대로 그것의 비어 있음을 거론할 수는 없습니다. '비어있음'과 그 비어있음의 '바탕' 모양 등 등은 마치 서로 기대어 서로를 지탱하고 있는 두 그루의 나무처럼 서로 의존하는 것입니다. 어느 한쪽이 없으면 그대로 쓰러지고 맙니다.

비어 있음을 깨닫는 것이 어리석음이라는 만성병을 고치는 가장 효과적인 약입니다. 그러나 이 약 자체가 뭔가 특별한 것이고 따로 자존한다고 여기는 것은 또한 가장 어리석은 생각입니다. 이 약 역시 비어

있음 속으로 녹아들고 또 거기서 우리는 나오는 것이어야 하겠습니다.

120 | 방해

수행의 과정에서 일어나는 모든 방해들을 깨부수고 몰아내는 방법들은 마음 바꾸기라는 중심에 통합되어야 합니다. 모든 방해를 하나로 묶어 정복해야 합니다. 흔히 다른 사람들과 짐승들 및 영들의 악의적인 공격을 견뎌내야 하는 상황에 부딪치게도 됩니다. 그런때는 보복을 생각할것이 아니라 보다 높은 뜻을 가져야 합니다. 우리를 괴롭히는 그들도 우리처럼 느낌이 있는 중생이므로 오직 따뜻한 사랑을 돌려 주어야 하는 것입니다. 마음 속에서 심한 설레임이 일어 방해할 때는 우리가 이 수행을 하기 이전에는 항상 그것이 멋대로 설치게 방치를 했고 그렇기 때문에 지금 우리가 이 지겨운 윤회 속에 붙잡혀 있음을 상기해야 합니다. 이 잘못을 계속 되풀이해서는 안 됩니다. 이제는 적절한 반대의 힘을 가 함으로써 그 흐름을 멈추어야 하는 것입니다.

121 | 온전치 못한 행위

온전치 못한 행위의 어떤 하나라도 저지르려는 욕망을 우리는 무릎 사이에 사리고 있는 독사 보다도 더 해롭다고 여겨야 합니다. 만약 그 독사가 문 다 해도 그 결과는 고작 아픔이나 어쩌면 죽음이겠지만 그래도 그것은 죽는 순간에 우리의 의식을 고약한 삶으로 태어나도록 일그러뜨리는 힘은 없습니다. 그러나 온전치 못한 악한 행위의 어떤 것이라도 저지른다면 그것이 겉보기에는 아무리 사소하더라도 다음의 태어남을 망쳐 놓는 것입니다. 그러므로 그런 미숙한 행위의 충동을 쌓아두는 것은 결과적으로 독사보다 더 무서운 것일 수 밖에 없습니다.

122 | 주고 받고 받고 주고

명상에 들어가서 전의 준비 단계로서 우리가 거쳐온 무수한 삶들에서 하나 하나의 모든 중생이 적어도 한 번은 우리의 어머니였었다는 사실이 있지 않았었나라는 생각을 깊이 되새겨 봅시다. 그 순수한 어머니의 사랑과 자비를 되새김으로써 우리는 그들이 어머니로서 우리에게 정성을 다해 주듯이 사랑과 자비를 그들에게 갚아 주고자 하는 가슴에서 우러나는 뜨거운 소원을 일구어 내는 명상에 들어가 봅시다.

어려움에 부딪힐 기회를 박탈 당하거나 또는 바라는 모든 것을 얻 거나 돌고 도는 삶은 언제나 덧없이 변한다는 것을 되새겨 꾸준히 참 고 차분해야 합니다. 우리가 재산이 많이 있고 명성과 건강을 누리고 있을 때라도 그런 행운에 자신이 완전히 파묻쳐 버리게 할 것이 아니 라 모든 사물의 덧 없음을 되새겨야 합니다 .

우리는 이 세속의 사물이 완벽해도 그것에 의지할 수는 없습니다. 참으로 믿을 수 있고 보다 높게 이로운 다르마에 의지해야 하는 것입 니다. 그러므로 또 어떤 때에 불운을 당하여 생활의 기본적 필요마저 충족시키지 못하게 된다 해도 그 때문에 좌절할 수는 없습니다. 그런 불운에 굴복하는 것이 아니라 우리는 보리심을 일깨워넴으로써 이 덧 없고 실 없는 삶의 바퀴에서 완전히 풀려 나기를 단단히 결심해야 하 는 것입니다.

'육신, 감각, 생각, 의지, 분별'이 어느 것도 모두 무거운 짐이고, 이 무거운 짐을 짊어지고 있는 그것이 바로 인간입니다. 짊어지고 있다는 것은 그것들에 대해 욕망이나 탐욕, 기쁨, 애정, 따위를 가지고 집착

불감

하고 애착한다는 뜻입니다. 그 짐에 대해 집착하기 때문에 그릇된 성
욕이 생기고 살고 싶다는 욕망이 일어나며 '나'만은 이라는 식의 분별
이 생겨납니다. 바로 이것이 무거운 짐을 짊어지고 있다는 의미라는
것입니다.

125 | 중생*이란

    사물에 집착하고 염착하는 마음을 지닌 주체가 중생입니다. 집착한

---

*중생(衆生) : 중생은 불교에서 생명을 가진 모든 것을 말함.

다고 하는 마음의 작용은 그것이 좋은 것이든 나쁜 것이든 무작정 그
것에 끌리는 것입니다. 이야기 하자면 특효약이라고 해서 아무 병에나
효과가 있는 것은 아닐 것입니다. 그러나 사람들은 일단 특효약이라고
인정되면 그것이 어느 병에 어떻게 특효가 있는지는 알려고 하지 않고
무조건 그 약을 사용하려 합니다. 효과가 있다는 그 한 가지 점에만 집
착하기 때문입니다. 대승 불교에서는 부처님의 가르침에 대해서도 집
착을 하면 안된다고 가르치고 있습니다. 모든 상대적인 입장을 떠난
평등 일미의 것을 구하는 것이 불교이며, 진리도 결국 번뇌와 상대적인
것이라고 생각해 봅니다.

우리는 육신을 우리 자신의 것이라고 생각하고 있습니다. 만일 우리 자신의 것이라면 우리들 마음대로 자유자재 부릴 수 있어야 하는데 좀체로 그렇게 되지 않습니다. 주유천하하는 한 나그네처럼 우리의 육신은 어딘가로부터 빌려온 것에 지나지 않는 것이 아닌가 생각해 봅니다. 자기 자신이라는 것은 이와 같이 빌려온 것으로 아무 것도 없다는 것이 불교의 가르침입니다.

127 | 욕망*

나무덩쿨의 뿌리는 본래의 한 가닥으로 가느다란 것에 불과합니다. 그것이 자라게 되면 많은 줄기와 가지를 이루게 되고 서로 뒤엉켜 어느 것이 본래의 줄기인지 알 수가 없게 됩니다. 그 중 한 줄기를 잘라 보아야 덩쿨 전체에는 아무런 영향도 미치지 못합니다. 오히려 그 잘린 곳에서 새로운 줄기가 자라 나옵니다. 이와 같이 욕망을 표면적으로 억제한다면 그것 자체가 일시적인 억압이 될 뿐 그것을 완전히 없앨 수 있는 길이 아닙니다.

그러나 아무리 울창한 나무 덩쿨이라 할지라도 그 본래의 뿌리를

---

*욕망(欲望) : 부족을 느껴 무엇을 가지거나 누리고자 탐함.

찾아내 잘라 버린다면 그것은 곧 시들어서 말라죽을 겁니다. 욕망도 그와 같습니다. 욕망은 그 뿌리에서 근절시켜야 합니다. 그 뿌리는 다름아닌 우리들의 마음입니다.

128 | 중도*

균형을 잃지 않는 것이야말로 중도의 생활일겁니다. 한 쪽으로 치우치지도 않고 허영이나 허위도 없어야 합니다 . 수행을 해본적도 없으면서 수행을 완성한 것처럼 행동한다거나 수행이 어느 정도 되어 있으면서도 겸손이 지나쳐 나는 아직 미숙하니까, 하고 위선을 떠는 것은 중도의 자세가 아닌 것입니다.

4층 불교관

*중도(中道) : 불교에서는 유(有)나 공(空)이 치우치지 않는 공명한 길.

114

올바르다는 말에는 앞에서 소개한 비유를 통해서도 알 수 있듯이 중도의 의미가 포함되어 있는 것에 주의를 기울여야 합니다. 불교를 수행하기 위해서는 언제나 심신에 이를테면 균형 감각과 같은 것이 겸비되어 있어야 합니다.

129 | 나로부터의 해방

사람들이 고뇌에 시달리고 있는 모습을 불교에서는 흔히 번뇌라는 흙탕물에 더럽혀진 것으로 비유하고 있습니다.

중생들이 번뇌의 흙탕물에 더럽혀지게 된 것은 근본적으로 마음이 탐욕이나 분노, 어리석음 따위에 물들어 있기 때문에 빚어진 결과입니다. 마음이 청정해지면 사람들도 청정해 질 것입니다. 사람들의 고뇌나 어리석음 등은 모두 마음에 기인하는 것으로 마음이 부정해졌기 때문에 생겨난 것입니다. 따라서 마음이 청정해지면 자연히 사람들은 안락해 질 것입니다.

130 | 부처님, 10가지 별명

어제 타 종교인 원불교 역사 박물관을 다녀오며 문득 부처님(10가지) 별명이 연상되어 오늘은 부처님 별명을 전해보겠습니다. 절대적인 진리를 체득한 부처님에게는 우리들 범부 중생과는 비교도 할 수 없을 정도로 여러 가지 뛰어난 능력이 구비되어 계십니다. 부처님께서는 옛 부터 여러가지 이름으로 불리우고 계십니다.

(1) 여래 — 그렇게 온 이 즉, 진리의 세계에서 온 이

(2) 응공 — 마땅히 공양받을 만한 이

(3) 정변지 — 바르고 평등하게 깨달은 이

(4) 명행족 — 밝은 행을 완성한 이

(5) 선서 — 해탈의 세계로 잘 간 이

(6) 세간해 — 세상 일을 두루 아는 이

(7) 무상사 — 가장 높은 이

(8) 조어장부 — 사람을 길들이는 이

(9) 천인사 — 하늘과 인간의 스승이 되는 이

(10) 불세존 — 깨달은 어른

부처님에게는 이상과 같은 뛰어난 특징이 구비되어 있으며 그와 같은 능력으로써 중생들을 진리의 세계로 이끌어 가시는 분입니다.

131 | 올바름이란 과연 무엇일까?

불교에서의 올바름이란 개념은 '중'을 의미합니다. 다시 살펴보면 한

쪽으로 치우치지 않는것, 균형을 잃지 않는 것이 불교에서 말하는 올바름의 의미입니다. 일상적으로 말하는 옳으니 그르니 하는 상대적인 입장에서의 올바름이 아니라 어느 한쪽으로 털끝만큼도 치우치지 않은 채 탄탄하게 균형이 잡혀 있는 상태를 의미합니다.

같은 행위, 생활 태도를 중도, 즉 정도라고 하고 있습니다. 즉 올바름이란 균형을 잃지 않는 깨달음을 향한 길이라고 말 할수 있습니다.

132 | 마음

마음은 존경에 의해서나 혹은 분노에 의해서 동요 됩니다. 또 교만해지기도 하고 비굴해 지기도 합니다.

마음은 도둑과 같아 모든 선근(좋은 과보를 초월할 선한 행위)을 훔쳐 갑니다. 마음은 불에 뛰어드는 불나비와 같이 아름다운 빛깔을 좋아합니다. 마음은 싸움터의 북처럼 소리를 좋아합니다. 마음은 썩은 고기의 냄새를 탐하는 맷돼지처럼 냄새를 좋아합니다. 마음은 음식을 보고 침을 흘리는 노예처럼 맛을 좋아합니다.

마음은 기름 접시에 달라붙는 파리처럼 감촉을 좋아합니다. 그러나 불교 수행의 기본적인 입장이 있다는 사실을 잊어서는 안됩니다.

마음은 엄격한 수련에 의해 형성되는 것으로 결코 처음부터 완성된 아름다운 마음이란 없는 것입니다.

석암문화재단 불교관

마음을 지키고 말을 조심하며 몸가짐에 항상 주의를 기울이는 사람은 번뇌를 만나도 괴로워하지 않습니다.

마음을 다스리는 것은 즐겁다. 그대들은 마음을 지켜라. 태만하지 마라. 라는 말들을 마음이 잘 지키게 되면 중생들은 인간에 태어나 기뻐하게 될 것입니다. 그러므로 마음을 다스리는 것은 즐겁습니다. 그대들은 마음을 지킵니다. 태만하지 않습니다. 마음을 잘 지키게 되면 중생들은 천상에 태어나 기뻐하게 됩니다. 이와같이 마음을 다스리는 것은 즐겁습니다. 그대들도 마음을 지킵시다. 태만하지 맙시다. 마음이 잘 지키게 되면 중생들은 최고의 안락에 도달할 것입니다.

백 년에 한 번씩 물 위로 머리를 내미는 눈먼 거북이가 마침 넓은 바다를 기약없이 떠 다니는 널판지의 구멍 사이로 머리를 내밀게 되는 일은 거의 불가능에 가깝다고 단정 질 수가 있습니다.

그러나 그것이 완전히 우연에 의해 일어나는 일인 이상 그런 일이 절대로 일어나지 않는다고는 할 수 없습니다. 그러나 지옥에 떨어진 악인이 다시 사람으로 태어나는 일은 우연으로 되지 못합니다. 한 번 악의 구렁텅이에 떨어진 사람은 일반적으로 자기 중심적인 삶의 방식만을 고집하였기에 이 세상의 참된 모습을 외면하는 경향이 강하기 때문에 다시 사람의 몸을 받아 태어나기까지 어렵다는 것이 경전의 가르침 입니다.

이 세상의 모든 일은 마음을 바탕으로 하고 마음을 주인으로 하여 마음처럼 빠르게 움직입니다.

만일 오염된 마음으로 이야기하고 행동하게 되면 괴로움이 곧 그 사람을 따릅니다.

수레를 끄는 소의 발자욱을 수레바퀴가 따르는 것처럼 이 세상의 모든 일은 마음을 바탕으로 하고 마음을 주인으로 하여 마음처럼 빠르게 움직입니다.

청정한 마음으로 이야기하고 행동하게 되면 복락이 곧 그 사람을 따라갑니다. 그림자가 어떤 현상을 쫓아 다니며 떠나지 않는 것처럼.

135 | 사람이 애욕에 물들지 맙시다

사람이 성내고 탐내고 어리석어지는 것은 어떤 마음에 원인이 있는 것일까? 과거의 마음인가, 미래의 마음인가, 현재의 마음인가?

만일 과거의 마음이 원인이라고 한다면 그것은 불합리합니다. 왜냐하면 과거의 마음은 이미 소멸해 버렸기 때문입니다. 만일 미래의 마음이라고 해도 그것은 불합리합니다. 왜냐하면 미래의 마음은 아직 일어나지 않았기 때문입니다. 또 만일 현재의 마음이라고 한다면 그것도 역시 불합리합니다.

왜냐하면 현재의 마음은 머무르는 일이 없기 때문입니다.

136 | 괴로움의 원인에 관한 진리

세상은 자기 마음대로 되지 않는 곳입니다. 그럼에도 불구하고 사

람들은 변함없이 그러한 사실을 거부하며 살아가고 있습니다. 그리고
는 그 때문에 고뇌하고 번민하며 마음의 갈피를 잃어버린 채 울고, 웃
는 것입니다.

이와같은 번뇌는 어디에서 기인하는 것입니까? 그 의문에 답하는
것이 바로 집성제, 즉 괴로움의 원인에 관한 진리입니다.

137   인식할 수도 없고 이름 붙일 수도 없는 마음은?

마음은 환상과 같아서 허망한 분별에 의해 여러가지 형태로 나타냅니다. 마음은 바람과 같아서 멀리까지 가고 붙잡히지 않습니다.

모습을 볼 수도 없습니다. 마음은 흐르는 강물과 같아서 멈출줄 모릅니다.

마음은 나타나자마자 곧 사라집니다. 마음은 등불의 심지와 같아서 인연이 닿으면 좋고 , 나쁘고를 떠나 우선 불이 붙어 주변을 비춥니다.

올바른 방법의 선택으로 잘 수행해 나가면 깨달음을 얻겠다고 굳이 뜻을 일으키지 않아도 자연히 깨달음을 얻을수가 있습니다.

목수는 매일 자신의 일을 하면서 톱, 또는 도끼를 자주 사용합니다. 그렇게 오랫동안 사용한 연장 또한 시간이 가면 손자국이 생깁니다.

그런데 목수는 자신이 쓰는 연장을 쓸때마다 손으로 쥐는 곳에 희미하게 자욱이 남는다는 것을 생각을 하지 못 합니다. 다만 몇 년이 지난 후에야 뚜렷하게 손자국이 생긴것을 알게 됩니다. 이와같이 수행자 또한 평소대로 수행을 해 나가는 가운데 오늘은 이 만큼의 번뇌가 사라졌고 내일은 저 만큼의 번뇌가 사라질 것이라고 스스로 수행이 되어 가는 정도를 알지 못합니다. 그러나 쉬지 않고 꾸준히 수행에 전념하다 보면 어느 사이엔가 번뇌가 차츰차츰 사라져 가고 있다는 것을 본인 스스로 느끼게 됩니다.

138 | 덧 없음에서 벗어날수 있게 해주는 특별한 인간은 아무도 없습니다

사실상 인간은 누구나 마치 도살장에 들어간 한 마리 어린 양과 같습니다. 누가 먼저 도살되느냐 하는 점은 문제가 되지 않습니다

언젠가 끝내는 모두가 죽게 되니까. 지혜롭지 못한 우리들 대부분이 죽음이 닥쳐온다는 것을 알고는 있지만 그런 생각 자체를 하고 싶어 하지 않을 뿐입니다.

그 누구도 언젠가는 죽음이 닥쳐옵니다. 그러나 누구도 그것이 언제 일어날 지는 아무도 모릅니다. 우리는 반드시 그 죽음의 시간적 불확실성을 뚜렷이 의식하도록 훈련시켜야 합니다.

죽음을 의식하는 것이야 말로 하나의 훌륭한 스승이니 그것이 게으름을 피우거나 시간을 낭비하지 못하게 자신을 일깨워주고 또한 수행에 대한 열의를 끊임 없이 복돋워 주는 힘 이기 때문 입니다.

139 | 모든 사람이 다 안으로 이 마음의 능력내지 가능성과 힘을 지니고 있습니다

어떤 사람이 자기 땅에 굉장한 보물이 묻혀있다 해도 그가 그것을 쓸 수 있으려면 먼저 그것이 거기에 있다는 것을 알아야 합니다.

2층 문화관

마찬가지로 우리는 먼저 무엇이든 알고 판단하는 지혜라는 보물을 안으로 지니고 있다는 것을 깨달아야 하겠습니다. 오직 그것을 알 때에만 그것을 완전히 활용할 수가 있습니다. 마치 묻혀있는 보물을 발견하면 그것을 자기의 물질적 이익에 쓸 수 있듯이 우리 본인이 자신의 귀한 인간의 모습을 정신적으로 자신을 위하여 한없이 이롭게 하는데 쓸 수가 있습니다.

140 | 비어있음에 대한 올바른 명상은

그저 마음의 텅 비어 모든 생각을 말끔히 사라지게 하는 것이 아닙니다.

우선 '나'라는 생각을 고집하는 어리석음의 성질을 알아차리고 그 자체가 나에게 정확히 어떤 역할을 하고 있는지를 이해하는데 몰입해봐야 합니다. 그래야만 오직 본인은 어리석음의 거짓됨이 시작으로 곧 비어있음을 깨달을 수 있는 겁니다.

141 | 꿈은 꿈

때로는 꿈이 완전히 현실로 보이기도 합니다. 특히 사나운 짐승이 덤벼든다든가 어떤 무서운 허깨비에게 쫓기는 악몽이 그렇습니다.

현실성을 띠고 있고 즐거움이나 괴로움이나 공포를 일으킬 수 있는 실체인 것처럼 보입니다. 사실 악몽이 너무너무 생생해서 우리는 가슴이 방망이질 치고 땀에 흠뻑 젖은 상태로 갑자기 깨어나기 일쑤입니다. 그러나 우리가 꿈 속에서 느끼고 보는 것은 모두가 그저 환영이고 아무런 실체가 없는 것입니다.

142 | 어떤 이가 아무런 뚜렷한 이유 없이 나를 맹렬히 헐뜯고 부당하게 괴롭힙니다

대개의 사람들은 그럴 때 화를 내고 상대를 미워합니다. 그러나 보리심을 가꾸고 있는 나는 괴롭히는 그 사람의 행동을 깊이 되새겨야만 합니다. 그는 나를 헐뜯거나 해를 입히고 있는 것이 아니라 바로 그

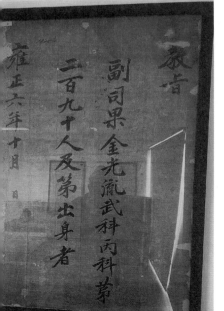

런 문제가 나 스스로가 내 과거에 저질렀던 미숙한 행위의 결과임을 똑똑히 보여줌으로써 오히려 나를 돕고 있는 것입니다. '나는 그가 그렇게 친절히 가르쳐 주었다.'라고 속으로 고마워해야 합니다. 나를 해치는 사람은 바로 나 자신의 행위의 결과를 보여주는 스승과 같습니다.

광산김씨 교지

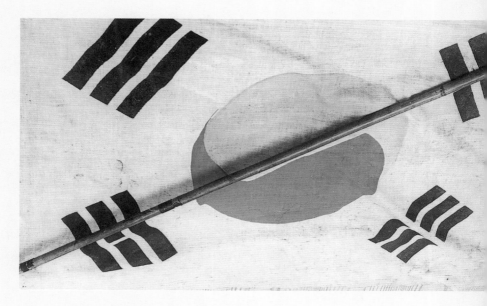

3

해방 태극기

143 | 세상은 시끄러워요

만일 그대가 지혜롭고 성실하고 예의 바르고 현명한 동반자를 얻었다면, 어떠한 난관도 극복합니다.

기쁨 마음으로 생각을 가다듬고 그와 함께 헤쳐 나갑니다.

144 | 좋은 벗

우정 또는 관계가 끊어질까 염려하여 상대에게 좋은 말만 골라하면서 상대의 결점만을 보는 사람은 좋은 벗이 아닙니다.

아기가 엄마의 품에 안기듯이 그 사람을 믿고 의지하고, 또 다른 상대때문에 그 사이가 멀어지지 않는 사람이야 말로 진정한 좋은 벗입니다.

145 | 어쩌다 작은 개미 한 마리를 죽이게 되었을때

이런 일쯤은 별로 문제가 안된다고 생각한면 그것은 바로 규칙을 어기고 있는 것입니다.

부처님 말씀의 계율들은 모든 이들에게 이로운 것입니다.

마치 약을 얼마만큼 어떻게 먹으라고 일러주는 약방에 적힌 주의사항처럼, 본인 수행에 도움이 되고, 무엇이 도움이 되고 무엇이 해가 되는지를 가르쳐 주는 것입니다.

146 │ 어리석음의 두가지

자아에 집착하는 어리석음에는 두가지로 볼수 있습니다.

우리들 스스로의 존재에 관하여 '나'라는 생각 곧 실질적인 자아의식을 안으로 지속하는 것과 밖으로는 모든 현상들에 관하여 그 모두가 본래 있는 것이라는 생각을 지속하는 것입니다.

147 │ '나'라는 집착

어리석음은 보통 다른 모든 것들과의 연관에 '나'라는 생각을 고집하지만, 어떤 특별한 상황에서는 보통 때보다 더 강하게 그 하나의 독립된 '나'라는 생각에 집착하기 때문에 그것을 더 뚜렷이 관찰할 수가 있습니다.

조선초기 명기

그러나 그다지 감정이 들끓지 않는 상황에서는 우리는 그것이 어떻게 작용하는지를 관찰할 수가 없으니, 아주 미묘하고 섬세하기 때문입니다.

148 모든 생명체가 사는 모습속에도 진짜(양) 가짜(음) 로 존재합니다

나비와 나방을 보면 나비는(양) 낮에 살고 나방은(음) 밤에 삽니다.
모습도 호랑나비가 있으면, 또 호랑나방도 있습니다.
호랑나비를 만진 손으로 눈을 비벼도 독성이 없습니다.
그러나 호랑나방을 만진 손으로 눈을 비빈다면 눈이 멀수도 있습니다.

진짜는 그대로의 모습에서도 더욱더 상대에게 잘보이기위해
본인의 모습에 위장을 하지 않습니다.

가짜는 그대로의 모습에서 더욱 더 강한 모습과 더욱 더 아름다움
을 더하기위해 위장을 최대한 하기를 원합니다.

149 | 참 마음*

미묘한 문제들을 뚜렷이 알게 되려면 정통한 자격이 있으신 마음의
스승을 만나 본인의 생각보다 더더욱 깊이 공부해야합니다.

이것과 그것을 직접 깨닫게 되려면 많은 노력과 본인의 오랜 명상
수행이 필수적인 것입니다.

150 | 존재성 'a'

나의 참된 존재 양상은 마음만이 자아가 아니요, 또한 몸만 따로 자
아도 아닌 것입니다.

나의 의식, 모양, 이름이 일정한 상호 관계를 갖고 어울리면 그것이
상대적으로 자아, 또는 '나'로서 존재하는 것입니다.

---

*참마음 : 거짓없는 진실한 마음.

151 | 존재성* 'b'

　'나'라는 것은 몸과 마음과 그리고 (나는 아픕니다) 라든가, (나는 배가 고픕니다)는 등 그런 느낌이 되어 나타나는 의식의 측면이 서로 얽히고 의존하는 상호 관계 속에서 나오는 것입니다. 즉 '자아'는 이 각 부분들 곧 몸과 마음과 의식이 하나로 어울리는 하나의 특수한 결합을 바탕으로 하여 나타나 있게 되는 것입니다.

152 | 상대가 나에게 물어온다면?

　어떤 사람이 나에게 무엇이든 스스로 독립적으로 존재할 수가 있느냐고 물어 온다면 나는 어쩔수 없이 겉으로. 드러나 보이는 모습이야 어떠하든 그 어떤 것도 참으로는 독립적으로 존재하지 않는다고 대답할 수 밖에 없습니다. 그러면서 나는 대부분은 아직도 깊은 속에서는 무엇이든 내가 지각하는 것은 다 스스로 독립적으로 존재하는 것으로 느끼는 것입니다.

---

*존재성(存在性) : 존재하는 특성

자기 결점을 숨겨 마음 속에 매어두는 것은 죄와 불안을 커지게 할 뿐입니다. 그것은 상대 앞에 노출시켜 버리는 편이 훨씬 좋습니다. 그렇게 함으로써 그 결점들의 힘이 약해지는 것입니다. 그렇게 함으로써 본인의 보리심을 일깨워냅니다. 그러므로 비어있음을 되새겨 보는 기회를 가질수 있습니다.

155 | 약속

꼭 지켜야 하는 마음에서 약속을 한 것은 상대를 소중한 사람으로 기억하게 됩니다.

상대도 약속을 기운으로 느끼게 됩니다.

소중한 사람이 서로인 것을 약속을 합니다. 마음으로 서로가 약속이 되어 있음을 인지합니다.

156 | 도저히 피할 수 없는것?

세상에서는 같이 살아가고 있는 사람끼리 서로 힘을 모으면 얼마든지 면할 수 있는 재난이나 사건들을 막을 수가 있습니다. 그러나 인간에게는 자기 스스로의 힘으로도 또는 다른 어느 누구의 힘을 빌어서도 결코 면하거나 해결할 수 없는 것이 있습니다. 늙음, 질병, 죽음입니다.

아무리 금실 좋은 부부라 할지라도 대신 늙어줄 수가 없습니다. 늙음을 멈추게 할수도 없습니다.

또 병을 대신 앓아줄 수도 없습니다.

죽음을 대신해줄 수도 없으며 죽음을 물리칠 수도 없습니다.

'나'라는 자기 본인을 아주 귀하고 중요하게 여기며, 그런 자기집착
과 자기섬김은 그저 일시적인 쾌락과 만족을 맛보게 하기위해 본인도
모르게 미숙한 행위를 저지르게 하는 것입니다. 원하는 어떤 것을 가
지지 못 할때 자기가 애착하고 있는 어떤 것에 대한 위험이 닥치면 자
기 본인은 이기적인 태도와 공격적인 생각으로 맞섭니다.

그런 자기중심적 태도를 행동화 함으로써 본인 뒤에 고통과 슬픔을
일으킬 어두운 카르마의 원인을 쌓아나가는 것입니다.

진주 남강

'나'라는 관념을 꽃향기에 비유해 봅니다. 향기가 꽃의 어디에 있는지 아무리 찾으려 애를 써도 찾을 수 없습니다.

그러나 그렇다고 해서 꽃향기가 없는 것은 아닙니다.

향기는 분명히 꽃에 있습니다. 이와 같이 현상은 있지만 그 실체가 없다는 것이 무아의 의미입니다.

상대가 보는 '나'라고 하는 나도 마찬가지입니다. '나'라는 것의 실체는 어디에도 없습니다.

나의 신체, 나의생각, 나의 소유. 이 어느것도 '나'는 아닙니다. 본인이 '나'라는 것에 그릇되게 집착하여 모든 것을 내 뜻대로 해 나가고자 고집합니다.

모두가 이 '나'의 본래 모습을 올바르게 보지 못하기 때문에 생기는 어리석음의 소치라고 해야 하겠습니다.

159 | 마음을 바로 봅시다

심리학자들은 인간의 심리를 연구하여 객관적인 분석을 근거로 사람들의 마음을 읽어 보려고 노력합니다.

그렇게 하여 일부는 읽어내고 있습니다. 그렇지만 아무리 심리학자라 할지라도 자기 자신의 마음만은 읽어내지 못합니다. 만일 자신의 마음을 잘 읽을 수만 있다면 그 사람에게는 마음의 동요나 번뇌 따위가 전혀 없을 것이고 항상 본인은 안정된 상태로 지낼 수 있을 것입니다. 그러나 그런 사람은 세상 어디에도 없는 것입니다.

160 | 마음

마음은 그림 그리는 이와 같아서 여러 가지 그림을 그려 냅니다. 마음은 한 곳에 머물지 않고 계속해서 새로운 의혹을 일으킵니다.

마음은 혼자서 갑니다. 다음에 일어나는 마음과 결합하여 함께 있는 것이 아니기 때문입니다.

마음은 왕과 같아서 모든 것을 통솔하고 싶어합니다.

마음은 원수와 같아서 온갖 고뇌를 불러 일으킵니다.

마음은 적과 같아서 항상 약점을 기뻐하며 호시탐탐 노리고 있습니다.

161 | 탑파(탑)

탑파는 부처님의 사리를 봉안하기 위해 만든 건축 조형물입니다. 탑
파라는 말은 음역하여 그냥 탑이라고도 합니다.

'부처님의 진신사리를 봉안하는 묘'라는 의미로서 부처님의 진신사
리를 봉안하는 것이 건립이 목적이었습니다.

그러나 현실적으로 그 당시에 세워진 탑파(탑)은 현재에 하나도 남
아있지 않습니다.

162 | 묵언*

그리운 사람! 보고픈 사람! 미운사람을 왜 마음에서 마음을 움직여
구석구석을 헤메며 왜 찾아 헤메는지…

어느 가난한 사람이 우연히 깊은 산의 바위틈에 숨겨져 있는 금은보
배를 발견했습니다. 그는 곧 그것을 쓸 궁리를 했습니다. 커다란 집을
짓고 결혼을 하고 노비를 거느리고 가축을 사들이고 하는 따위의 여러
가지 계획을 세우며 행복한 생활을 꿈꾸었습니다. 그런데 그때 도둑떼
가 나타나 그를 죽이고 그 보물들을 가로채 버렸습니다.

---

*묵언(嘿言) : 아무런 말도 하지 않음.

위 이야기에서 깊은 산의 바위굴은 세간의 집을 의미하고 보물은 여러 생에 걸쳐 쌓아온 선근, 도둑떼는 죽음을 비유합니다. 범부 중생은 자신이 오랫동안 쌓아온 공덕을 이웃과 더불어 나누려 하지 않고 스스로의 호사만을 추구하다가 마침내 죽음에 의해 그 선근마저도 잃어버리는 것입니다.

163 | 무상

인생이란 꿈과 같고 물거품 같아 무상한 것이라고 합니다. 이세상의 온갖 존재들은 변화하고 멈추지를 않아 우리는 삶의 덧없음 앞에서 문득문득 '무상함'에 젖곤합니다.

무상은 범어anityata의 번역입니다.

물심의 모든 현상은 한 순간에 나고 변화하고 멸하므로 상주하는 것이 없다는 뜻입니다.

그래서 불교에서는 '생한 것은 마침내 사멸하기 마련이며 융성한 것은 반드시 쇠퇴하고, 서로 만나면 반드시 이별한다'고 말합니다.

무상에는 크게 두 종류가 있습니다. 찰라 동안에도 생겨나고 머무르고 변화하고 소멸된다는 찰라무상과 한평생 동안에 생주이멸이 있다는 상속무상이 그것입니다.

한편 무상은 죽음의 의미를 지니기도 합니다.

164 | 마음

마음은 존경에 의해서나 혹은 분노에 의해서 동요되며 교만해지기도 하고 비굴해지기도 합니다.

마음은 도둑과 같아 모든 선근을 훔쳐갑니다.

마음은 불에 뛰어드는 불나비와 같이 아름다운 빛깔을 좋아합니다.

165 생각을 해봅시다

어떤 중년 남자가 본부인이 있으면서 새색시를 몰래 사귀고 있었습니다.

본부인이 생각할때, 남편이 나이에 비해 너무 젊게 보여 불안한 심정이 없지 않았습니다. 그래서 궁리끝에 남편이 잠이들면 남편의 머리에서 검은 머리카락만 골라 뽑았습니다.

그러나 새색시는 달랐습니다. 사귀는 남자가 나이가 많아 늘 걱정이었습니다 그래서 사귀는 중년남자가 잠이 들면 몰래 흰머리카락만 골라서 뽑았습니다.

그런 일이 반복되다 보니 얼마의 세월이 지난 후 그 중년 남자는 대머리가 되지 않을수가 없었습니다.

어느 보살님이 돈 잘 벌어오는 남편한테 더욱 더 예쁘게 보이기 위해 쌍꺼풀 수술을 하였습니다.

그런데 수술이 잘못되어 밤에 잠을 자도 두 눈이 반쯤 밖에 감기질 않는 것입니다.

어린 아이는 그런 엄마의 반쯤 뜨고 자는 눈을 보고 무서워 울기 일수였고, 남편은 남편대로 눈 뜨고 자는 아내가 싫어져 잠자리를 함께 할 수 없다고 고집을 부렸습니다

결국 그 아내는 그 남편과 헤어져 살게 되었습니다. 그 남편은 그런 이유로 평생을 아내를 미워하는 버릇이 생겼습니다 .

167 | 융통성 없는 고지식한 사람

융통성 없는 사람, 고지식한 사람이 때로는 흥미의 대상이 될수는 있겠으나, 그런이와 함께 생활하게 되면 목에까지 차오르는 답답함을 느끼지 않을 수 없습니다

농담 한 마디를 던지면 한참이 지난 뒤에야 그때서야 고장난 형광 등처럼 두 눈을 깜빡이며 겨우 농담임을 알아차립니다.

168 | 어떤 스님

어떤 스님이 있었습니다. 부처님의 계율을 지키고자 노력하는 스님 이었습니다.

그래서 이 스님은 여자 아이가 스님의 옷고름을 잡으면 부정탔다며 가위로 여자 아이가 잡았던 부위를 싹둑 잘라 내 버립니다.

어쩌다가 또 다른 여자 아이가 스님의 옷자락을 잡으면, 역시 그 잡 힌 부분의 옷자락을 가위로 잘라내 버립니다.

어느날 속이 상한 여자 아이가 스님의 등 뒤로 조심조심 걸어가 스님의 목을 두 팔로 껴안으며 말했습니다.

자, 이제 스님의 목은 어떻게 하실래요?

169 | 나무에도 결이 있고, 돌에도 결이 있습니다

옛날 중국의 어느 소 잡는 백정이 있었습니다.

칼 한 자루로 수십마리 소의 가죽을 벗기고 고기와 뼈를 추려내도, 칼날이 전혀 무디어질 않았습니다. 그걸 곁에서 지켜보던 사람들이 비결을 묻자 그는 웃으며 대답했다 합니다.

소의 가죽과 살 사이에는 틈이 있습니다.

그 틈 사이로 칼날이 다녔을 뿐입니다.

그래서 틈과 결을 따라 칼을 놀리면 칼날이 무디어질 수 없으며 일이 힘들지 않는 것입니다.

숫돌에 기왓장을 아무리 간다하여도 거울이 될 수는 없는 것입니다.

진주 촉석루 정문

bible에 보면, 닷새 뒤의 생일 잔치를 위해 닷새 동안 굶지 말라는 예수님의 말씀이 있습니다.

닷새 뒤의 생일 잔치를 위해 곡식을 절약하며 아이들을 굶긴 가정이 있었던 모양입니다.

그러나 닷새 뒤의 생일 잔칫날 잘 먹기 위해 닷새 동안 주린 배를 움켜쥐고, 맹물이나 벌컥벌컥 들이키며, 배고품의 눈물을 흘려야 한다면 이것은 매우 어리석은 현명치 못한 처사일것입니다.

생일은 닷새 뒤의 일입니다. 닷새가 되기 위해서는 자그만치나흘이나 기다려야 합니다. 무엇보다도 중요한 것은 오늘입니다. 어제는 이미 지나갔고, 내일은 아직 오지도 않았습니다.

그렇다면 가장 중요한 것은 바로 오늘입니다

닷새 뒤의 생일잔치도 중요합니다. 그러나 바로 오늘이 더 소중한 것이며 오늘을 어떻게 살아가느냐에 따라 내일의 운명이 결정될 수도 있는 것입니다.

오늘의 석탑에 있어 일층 이라면 내일은 이층이고 모레는 삼층이 석탑이 되는 것입니다. 일층이 없는 이층, 삼층의 석탑은 있을 수 없습니다.

171 │ 신앙생활

신앙은 사다리를 오르는 것처럼 세월이 갈수록 시야가 넓어져야 합니다. 나의 신앙이 중요하면 다른 사람의 신앙도 존중해 주어야 합니다.

나의 종교가 소중하면 다른 사람의 종교도 고귀한 것입니다. 신앙의 힘은 이론에 있지 않고 실천에 있습니다. 입으로 떠벌리는 신앙은 죽은 신앙입니다.

다른 종교를 비방하며 공격하는 자세는 옳지 못합니다. 진리는 결코 둘이 아닌 하나입니다.

하나를 향해 가는 길이 여러 갈래일 수 있습니다.

신앙은 순수 그 자체입니다. 순결한 마음이 곧 하나님이자 부처님의 마음입니다.

신앙은 또한 경쟁이거나 다툼일 수 없습니다.

눈먼 자가 눈뜬 자를 안내할 수 없습니다.

신앙은 편안해야 합니다.

신앙은 평등해야 합니다.

신앙은 순수해야 합니다.

황금알을 낳는 거위가 한 마리 있었습니다. 하루에 한 개씩 어김없이 황금알을 낳았습니다. 주인은 거위의 황금알로 부자가 되었습니다. 그 후 큰 집에서 하인을 거느리고 살게 되자 더 많은 돈이 눈에 아른아른하여 욕심이 생겼습니다.

그래서 주인은 거위의 뱃속에 든 알을 한꺼번에 꺼내기로 마음을 먹었습니다. 그리고 바로 거위를 잡아 뱃속을 들여다보니 뱃속에는 황금알이 하나도 없었습니다.

결국 주인은 거위도 잃고 다시 가난한 삶을 살아야 했습니다.

173 | 이 세상에 없는 물건

누군가를 도와줄 경우 그대가 바라는 마음은 깨끗한 자세가 아니겠지요?

또한 도와 주었다는 생각마저도 마음에 남겨 두질 말아야 합니다. 주는 자는 우월하고, 받는 자는 열등하다고 생각하면 참다운 보시, 베품일 수 없습니다.

상대를 돕되 즐거운 마음으로 상대에게 물건을 주되 깨끗한 마음으로, 상대와 기쁨과 슬픔을 함께 할 땐 티없이 맑은 마음으로, 주어도 주었다는 생각이 들지않게 받아도 받았다는 부담이 없게 바람처럼 머무름 없이 흔적도 없게 주고받는 자 모두모두 떳떳할 수 있게 당당하고 넉넉하게 살아갑시다.

174 | 어리석은 사람, 지혜로운 사람 (차이)

어리석은 사람과 지혜로운 사람의 차이점은 간단한 곳에 있습니다.

148

눈 앞의 일만 보고 금세 서둘러 결정하는 사람은 어리석은 사람이고 무슨 일이 터졌을 때 당황하지 않고 침착하게 생각하여 바르게 판단하는 사람이 지혜로운 사람입니다.

175 | 부부

부부는 둘이 아닌 하나입니다. 둘이 아닌 하나에서 다시 둘로 느껴질땐 그때는 그 사이에서는 보이지 않는 강과 벽이 가로막고 있다고 생각하기 때문입니다.

176 | 새 날을 환한 얼굴로 열어 갑시다

한 숨 쉬는 것도 버릇입니다.

웃는 얼굴도 습관입니다

항시 웃을수 있게 후회와 찌꺼기는 남아 있지 않게, 새벽마다 설레는 마음으로 일어날 수 있게 이해하는 마음으로, 용서하는 마음으로 누군가를 사랑할수 있게, 누군가를 용서할수있게 ……

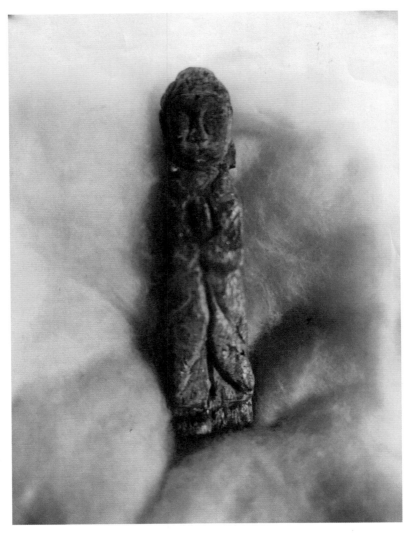

통일신라 미륵입상 높이 5.5cm

177 | 옳은 선택

무슨 결정이든 뒷날에 후회하는 일이 없으면, 그 판단은 옳은 것이며 바른 선택일 수 있습니다. 그러나 체면때문에 아니면 알량한 겸손을 앞세워 양보하거나 손해보는 선택을 하게 됐다면, 그 후회는 뜨거운 불기둥으로 남아 때때로 목까지 차오르는 아픔을 느끼게 될 것입니다. 세상을 살아가는데 있어서는 끊임 없는 선택의 갈림길에서 방황하기 마련입니다.

사람은 누구에게나 비교해 보는 버릇이 그림자처럼 따라다니고 있습니다 . 끊임없이 비교해 가며 저울질하고 자로 재어 보며 이익과 손해를 따지고 살아갑니다.

이익이 있으면 손해보는 자가 있기 마련이고, 손해가 있으면 이익보는 자가 있기 마련입니다. 그러나 이익과 손실을 따지는 것은 마음에서 밀어내야 합니다.

178 | 어린동자

어린 동자가 있어 숯불을 손안에 쥐고 뜨겁다고 울고 있다면 이 또한 얼마나 미련한 울음이었을까?

숯불을 놓아버리면 한결 뜨거움이 가시게 될것을……

어리석은 사람한테는 먹일 약도 없지?

촛불은 입김으로 불어서 끌 수 있지만 타는 숯불은 부채 바람으로 끌 수가 없습니다. 도리어 밑불까지 다시 일으켜 불길은 더욱 더 거세게 타오를 뿐입니다.

불을 끄는 데는 물이 제일 좋습니다. 숯불을 물로 끌 경우 불티나 재가 날아다닐 수 있습니다 . 그럴 경우를 생각해서 석밀장이 끓고 있는 그릇을 먼곳으로 옮겨 놔야 합니다.

179 | 인고의 세월

알에서 깨어난 애벌레는 몇 차례의 허물을 벗는 아픔을 참고 견디어야 호랑나비가 될 수 있습니다.

알에서 깨어나자 마자 하늘을 날고 싶은 새끼가 있다면 그 새끼는 나무의 둥지를 떠나는 순간 둥지 밖으로 곤두박질해 죽음을 당하게 될 것입니다.

180 | 방패연의 가느다란 실은 기존 질서를 의미합니다

방패연이나 꼬리연을 허공에 날릴때, 방패연이나 꼬리연에게 무한한 자유를 주기 위해 연의 실을 끊게되면, 그 방패연이나 꼬리연은 그 순간 자유는 커녕 곤두박질하여 땅으로 떨어지거나 나뭇가지에 걸리게 됩니다.

연으로서의 생명을 다하는 것입니다. 차례 지키기와 질서 지키기는 매우 중요합니다.

181 | 마음이 곧 주인이요, 신이며, 어둠을 밝히는 등불입니다

마음은 나의 몸을 움직이는 살아있는 신이자 운전 기사입니다. 바람이 불고 파도가 거세지면 힘을 모으고 지혜를 합쳐 슬기롭게 싸워나가야지 길잡이를 잃게 하는 어리석은 장사꾼이 되어서는 안 될것입니다.

모든것은 모든 생각은 마음 먹기에 따라 달라집니다.

마음의 등불로 보다 밝은 내일을 향해 새로운 각오로 새롭게 출발합니다. 초심의 마음으로 매일 매일 시작합니다.

세월의 흐름중에 20대~30대 때가 가장 더디게 가는 것으로 느낍니다.

하루 빨리 더욱더 성숙되고 싶지만 세월은 꽃뱀이 느린 동작으로 허물을 벗듯 더디게 지나가는 것입니다.

그러나 그것은 느낌일 뿐, 세월은 빠르지도 느리지도 않게 일정하게 지나가는 것입니다. 나이들어서 생각할땐 세월이 너무 허무하게 지나가 때때로 슬픔을 느끼기도 합니다.

(생각해봅니다.)

세월은 총알이자 화살처럼 느껴질겁니다

어린아이가 울때는 세가지 이유가 있다고 합니다.

배가 고플때, 몸이아플때. 그리고 곁에 낯익은 사람이 없을 때 라고 합니다.

어린 아이는 보석 반지를 해 달라고 울지 않으며 금 목걸이,금 팔찌가 끼고 싶어 울지 않습니다. 그런데도 간혹 한 돌을 넘긴 아이한테 반지를 끼워 집 밖으로 나들이 하는 철 없는 부모가 있습니다.

시위용인지 과시용인지는 모를 일이나 지극히 촌스러운 얼뜨기 짓으로 보입니다. 어린아이는 금도 모르고 보석도 모릅니다.

보석의 값어치를 아는 것은 티내고 뽐내길 좋아하는 허영심 많은 그 아이의 부모들 뿐입니다. 아이를 앞세워 상대에게 보여주기 위한 대리 만족을 꾀하는 어처구니 없는 슬픈 현상이라 하겠습니다.

184 | 넉넉한 마음으로

사랑하는 마음으로 가득할 땐 하늘의 별도 예쁘고 달도 예쁘고 개 짖는 소리까지 분위기 있게 예뻐 보입니다.

사랑을 잃고 방황할 땐 나무도 쓸쓸하게 보이고 바위도 처량하게 보이며 시냇물이 흘러가는 소리까지도 역겹게 들리는 법입니다.

마음이 닫혀있을땐 세상이 흐린 날씨로 보이고, 마음의 문이 활짝 열려있을 땐 세상이 화사한 햇볕으로 가득 차 아름다운 꽃밭으로 보입니다.

185 | 빛

우리는 알게 모르게 빚을 지고 살아갑니다. 돈빚은 없다 하더라도 말빚은 있을 것입니다.

약속을 지키지 않는것, 결심을 실천하지 않은 것 등이 말빚에 해당됩니다.

자기 그림자를 보고 자기가 놀라는 사람은 어리석은 사람입니다.

(말빚).빚을 지고도 빚을 갚을줄 모르는 사람 또한 어리석은 사람이겠습니다.

186 | 어린이가 되어 봅시다

젖소는 우유를 만드는 소입니다. 하루에 한차례씩 젖을 짜 주어야 매일 우유를 얻을 수 있습니다. 어리석은 사람처럼 우유를 소의 뱃 속에 저장해 두었다가 한꺼번에 짜야겠다고 생각하면, 그 우유는 영원히 얻을 수가 없게 됩니다.

소의 젖이 굳어져 한방울의 우유도 나올 수 없게 되기 때문입니다.

배고픈 사람이 있으면, 그 사람에게 곧 먹을것을 나누어 주고, 목마른 사람이 있으면 곧 물을 떠 주어, 그 사람의 목마름을 덜어 주어야 합니다.

187 | 한 걸음, 또 한 걸음

강물이 한 그릇쯤 남아 있길 바라는 사람은 어리석은 이입니다.

강물이 너무 많아 한꺼번에 다 마실 수 없다며 고민하는 사람 또한 미련한 자입니다. 우선은 강물을 마셔 목마름을 가시게 해야 합니다. 천리길도 한 걸음 또 한걸음 옮겨 가야 목적지에 도달할 수 있습니다.

꾸준하게 노력하는 자세 또한 중요합니다

188 | 참회

거친 말투와 욕설도 하면 할수록 늘게 됩니다. 거짓말도 마찬가지 입니다. 잘못을 뉘우칠 때는 본인에게 기회가 주어진겁니다

사람의 됨됨이는 정직과 순수성에서 비롯됩니다.

맑은 샘물처럼 이슬 방울처럼 바르고 맑게 환한 얼굴로 티없이 살 아가야 할것입니다.

일층과 이층이 없는 삼층 건물은 있을 수 없습니다.

큰 고층 건물을 짓는 걸 보면, 땅바닥을 깊게 파고, 지하층부터 지어 일층과 이층, 그렇게 계속 건물이 점점 올라가는 것을 볼 수 있습니다.

봄이 가면 여름이 오고, 여름이 지나면 가을과 겨울이 오게 됩니다.

어떤 사람이 있어 여름이 좋다며 여름만을 고집한다면 그는 대한민국을 떠나 아프리카 같은 열대 지방으로 떠나가야 할 것입니다. 그러나 그곳에서 오래 살지 못할것입니다.

하늘을 나르는 새는 하룻밤을 머물더라도 반드시 그 숲과 나무 주변의 환경을 면밀히 살핀 후 나뭇가지에 앉아 잠을 잡니다.

뱀이나 사람, 독수리 등의 피해를 미리미리 살펴 피하는 지혜로 볼 수 있습니다.

191 | 가난

가난은 살아가는데 불편한 것일 뿐이지 부끄러운 것은 아닙니다. 가난에는 가끔식 소리가 나기도 하지만 꿈마저 잃고 사는 이 없습니다.

가난은 결코 어둠일 수 없으며, 또한 빛을 등지고 밤에만 피는 달맞이꽃일 수도 없습니다.

가난은 멀리서 보면 춥게 보이고, 가까이서 보면 외상집 청구서일 뿐입니다. 가난은 내일을 열어가는 열쇠입니다.

가난은 숱한 경험을 겪게 하지만 그 경험이 바탕이 되어 천하를 얻을수 있는 힘이 됩니다.

192 | 나그네

어떤이가 있습니다. 그는 술을 좋아하고 노름하길 즐기며 도둑질하는 버릇까지 있습니다.

그는 마음을 잡고 새 사람이 되기 위해 쾌락적인 생활, 방탕한 생활에서 일시적으로 벗어났습니다.

그런데 그 사람의 눈으로 보는 것, 코로 냄새를 맡는 것, 귀로 듣는 것, 입으로 먹는 것 등이 자꾸만 예전의 생활로 되돌아가게 마음에서 충동질이 앞섭니다.

그 이는 이렇게 외칠지도 모릅니다. 상대와 향긋한 술과 분위기 있는 노래와 맛있는 음식들은 당장 이 세상에서 모조리 사라져라.

'이젠 나에게 더 이상 필요없는 것들이기 때문입니다'라고.

193 | 가정도 자그마한 나라입니다.

가정에 부모가 인자하고 어진 분이시면, 가정 생활은 항시 화목하기 마련입니다.

부부가 서로의 의견을 존중해 주고, 아내가 남편의 말을 따르게 되면, 그 가정에는 웃음꽃이 피어납니다.

남편 한 사람의 난폭한 성격과 시도 때도 없는 술주정과 거기다가 가끔씩 밖에서 자고 오는 횟수가 늘고 있다면 그 가정은 어둠이 덮힌 죽음의 터널과도 같은 집이 될 것입니다.

자상한 남편, 따뜻한 아내.이것이 소박한 한가정의 꿈이자 소망입니다.

엄마 오리와 아빠 오리가 말다툼을 하고 서로 등을 돌린 채 토라져 있습니다.

그때 아기 오리가 엄마 한테 묻습니다. "엄마! 엄마! 나 오리 새끼 맞지?" 엄마 오리는 화가 나 마지 못해 짧게 대답합니다. 물론이지.

그러자 아기오리는 기다렸다는 듯이 큰 소리로 그런데 왜 아빠가 무서운 귀신 얘기를 하면 닭살이 돋지?

아기 오리의 재치 있는 한 마디에, 아빠 오리와엄마 오리는 서로 얼굴을 마주 보며 웃었습니다. 아기 오리도 활짝 웃었습니다.

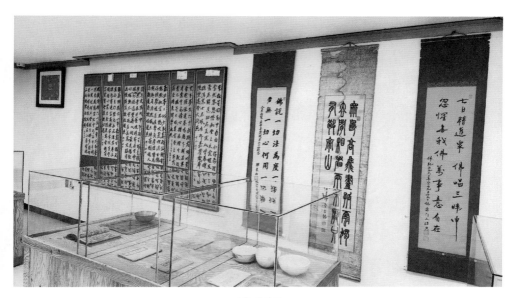

2층 문화관

163

어떤 사람은 어금니가 몹시 아파 치과에 가서 의사한테 보였더니 찬바람을 많이 맞아 아픈 것이며 며칠 간만 따뜻한 방에서 지내면 통증이 없어질거라고 하였습니다.

그러나 그 환자는 그날 밤 아픔을 참지 못하고 본인이 어금니를 빼고야 말았습니다.

무리하게 어금니를 잡아 빼자 그 옆의 이가 아팠습니다. 그는 다시 옆의 이도 빼냈습니다. 그러니 이번에는 여러 개의 이빨이 아프고, 잇몸이 통통 부어오르는 것이었습니다. 그는 이빨이 아파 한숨도 잘 수가 없었습니다.

통증의 고통을 참지 못하고 아침이 올 때까지 본인이 일곱 개의 이빨을 뺐습니다.

그는 다시 치과 의사도 만나기 전에 생이빨을 일곱 개나 뺀 후유증으로 병원에 가기 전에 죽고야 말았습니다.

꿀이 달지만 혀끝으로만이 그 달콤함을 느낄 수 있습니다. 꿀을 입안에 넣을때, 달콤하고 몸에도 좋은 보약이 될 수 있지만 눈 안에 넣으면 쓰리고 아퍼서 고통스러울것입니다.

사탕수수밭에는 퇴비나 비료 등의 거름이 사탕수수의 대궁이를 살찌우는 자양분이 됩니다.

사탕수수밭에 설탕물을 끓여서 부어 주면, 사탕수수는 금세 시들해 지고 죽고 맙니다.

197 | 세상살이에는 때가 있습니다

때를 놓치면 기회도 잃기 마련입니다.

어떤 이가 죽어서 염라대왕 앞에 섰다고 합니다. 염라대왕이 말하기를 너는 세상에서 이러저러한 짓을 하였기에 지옥으로 보내겠다고 했다 합니다. 그는 염라대왕에게 용서를 빌며 다시 인간 세상에 태어나면 나쁜 짓 않고 착한 일만 하겠다고 맹세했다 합니다. 그러나 그 사람은 살아서 좋은 일을 할 수 있는 때를 이미 놓친 입장입니다.

198 | 솔직하고 정직한 것은 하나의 용기이자, 내일을 환희 열 수 있는 길입니다

속 빈 수행자가 빈 말만을 늘어 놓으며, 마치 물품을 팔 듯 신앙과

양심을 파는 행위도 있습니다. 상대가 모르는 것을 물었을 경우 솔직하게 모른다고 대답하는 용기가 있어야 하겠습니다.

체면 때문에 권위 때문에 모르는 질문을 받고서도 엉뚱하게 참깨와 쌀을 씹다 뱉어 놓으며 공작새의 똥이라고 우긴다면 그 수행자는 이미 죽어 가는 수행자입니다.

199 | 사람은 누구에나 비교해 보는 버릇이 그림자처럼 따라다닙니다

손해보는 이가 있으면 이익보는 자가 있습니다.

사람들은 뺄셈보다는 덧셈만을 체질적으로 좋아하며, 주어서 싫다는 사람이 없고, 받아서 마다하는 사람이 없듯 계산 놀이에는 너나없이 빠쁘게 살아가고 있습니다.

오전의 양지가 오후에는 음지가 되고 오후의 양지가 음지가 될 수 있습니다.

본인이 한번 결정한 선택에는 최선의 노력을 다해야 합니다.

위축되어 한숨 쉬는 것은 버릇으로 봅니다.

웃는 얼굴은 습관입니다.

매일매일 새 날을 맞이하며 환한 마음으로 하루하루를 열어 가야 할것입니다. 그것이 최선이기에.

200 약장사가 요란스럽게 떠벌리는 것은
대부분 약들이 가짜이기 때문입니다

힘이 있는 개는 함부로 짓지 않습니다. 겁이 많고 몸이 약한 개일수
록 아무나 보고 가까이 오지 못하게 짖어 댑니다.
참다운 지혜로운 자는 일부러 목소리를 꺽어서 말하지 않습니다. 자

기의 본래의 타고난 목소리를 감추고 잔뜩 목에 힘을 주어 목소리를 바꾸는 사람일수록 진실을 외면하는 경우가 많습니다.

허풍은 힘이 없는 자의 장식품입니다. 경험은 언제나 이론을 몇 걸음 앞서 가고 있음을 잊지 말아야겠습니다.

201 생각해봅시다

물고기 형제가 있었습니다. 형제 물고기들은 지렁이를 무척이나 좋아했습니다.

엄마 물고기는 형제 물고기에게 말했습니다. 토막이 난 지렁이는 절대 먹어서는 안된다. 사람들이 우리를 잡기 위해 미끼로 사용하는 지렁이야. 명심해.

그러던 어느날, 낚시를 하러온 사람들이 토막낸 지렁이 대신 새끼 지렁이를 송두리째 미끼로 사용하고 있는 것입니다.

형제 물고기들은 그 사실도 모른 채 새끼 지렁이를 날름 입 안으로 삼켰습니다.

형제 물고기는 아가미가 찢어지는 고통을 느끼며 낚시 바늘과 엄마 물고기를 원망하며 후회를 하는 것입니다.

토막난 지렁이로 미끼를 한다더니 낚시 바늘이 밉구나.

엄마가 밉구나 미워.

악어새는 악어의 이빨 사이에 끼어 있는 오물을 먹고 삽니다.악어새 한 마리가 악어의 이빨 사이에서 제법 큰 고기덩이를 발견해 다른 악어새들과 나누어 먹고 있었습니다.

그 모습을 먼 발치에서 지켜보던 청동오리가 악어새에게 위험하지 않느냐고 물었습니다. 그러자 악어새는 전혀 위험하지 않다며, 악어의 송곳니를 미끄럼대 삼아 장난질하는 모습까지 보여 주었습니다.

청동오리는 용기를 내어 악어새가 놀고있는 악어의 벌린 입안으로 날아 들었습니다. 악어새처럼 악어의 이빨사이에서 오물을 꺼내는 순간 청동오리는 캄캄할 어둠과 함께 온 몸의 뼈가 으스러지는 아픔을 느꼈습니다.

악어가 벌리고 있던 입을 먹이가 날아 들자 잽싸게 닫아 버렸기 때문입니다. 악어새 흉내를 내다가 청동오리는 그만 사고를 당하고 말았습니다.

비들기 아가씨가 하루는 맞선을 보게 되었습니다.
어머니 비들기는 걱정이 되어 딸 비들기에게 말했습니다.

점잖고 다소곳이 행동해야 한다.

음식은 적게 먹고, 목소리도 낮추도록, 또한 똑바로 상대방의 얼굴을 쳐다봐서는 안 된다.

아가씨 비들기는 총각 비들기를 만나 드디어 첫 맞선을 보게 되었습니다. 아가씨 비들기는 엄마 비들기한테서 배운 대로 목소리를 낮추고 고개를 숙이고 있었으며, 음식은 아예 마다하고 앉아 있기만 하였습니다.

맞선이 끝난 후, 총각 비들기가 자리에서 일어나며 중얼거렸습니다. 하마터면 벙어리에다 눈뜬 장님을 아내로 맞을 뻔했네.

목욕에는 육체의 때를 씻어내는 목욕과 마음의 때를 닦는 그것입니다.

사람들은 누구나 몸에 땀이 흐르거나 때가 있으면 곧 목욕을 하게 됩니다. 그러나 마음의 번뇌와 어리석음, 성냄. 욕심부리는 땟물에 대해서는 솔직히 무딘 편입니다.

사람들은 몸에 열이 있거나 손톱 밑에 가시만 박혀도 호들갑을 떨며 분주해 집니다.

그러나 마음의 온도가 수위에 육박하고 가슴 속이 온통 멍울과 송

송 뚫린 구멍 투성이인 데도 태평한 두눈만 껌벅거리며 게으름과 자는 일에만 바쁩니다.

육체의 나이는 알고 있으나, 정신의 온도는 헤아리지 못 합니다. 육체의 때는 염려해도 정신의 때는 걱정하지 않습니다.

자, 이제는 마음의 문도 열고, 닫힌 귀, 막힌 눈을 열어 날마다 새로 태어나며 살아가야 겠습니다. 조그만 달리 생각해보면 지옥이 곧 극락이요. 번뇌가 깨달음에 이르게 하는 씨앗입니다.

205 | 꾀와 지혜는 다릅니다

꾀는 쓰면 쓸수록 신용도가 얇아지지만 지혜는 쓰면 쓸수록 신뢰감이 깊어집니다.

잔 꾀는 잔 위기를 넘기지만 지혜는 큰 위험도 물리칩니다

꾀가 많은 사람일수록 게으름이 많고, 지혜가 깊은 사람일수록 성실하고 부지런합니다.

206 | 모든 병의 원인에는 어리석음 화냄

욕심의 삼대 요소가 지나칠 경우에 발생합니다.

약은 사람의 병을 잠들게도 하지만 몸의 균형을 여지 없이 흔들어 놓기도 합니다.

같은 약의 거듭된 복용은 몸안의 균형을 떨어트릴 뿐 근본적인 치료에는 자연 식품의 식이 요법이 으뜸임 일것입니다. 건강할때 살펴봐야 하겠습니다.

오해는 마치 언덕에서 굴러 오는 눈덩이 같아 시간이 지날수록 풍선처럼 부풀어 오릅니다.

그러나 오해는 양파 껍질을 벗기는 것과도 같아 알고 보면 풍선의 바람처럼 실체가 없습니다.

그러므로 오해가 깊어지기 전에 대화로써 오해의 원인을 찾아 실매듭 풀 듯 인내심을 갖고 풀어가야 합니다.

오해의 시작은 바늘끝 같으나 시간이 지나면 쇠방망이가 됩니다.
오해는 풀고 보면 아무것도 아닌 상태가 됩니다. 마치 양파 껍질을 벗기고 또 벗겨 보면 결국 아무것도 없는 것처럼.

208 | 일이 잘되면 내 탓, 잘못되면 조상 탓이라는 속담이 있습니다

권리는 주장하면서도 의무를 소홀히 하는 사람들이 많습니다. 노력에 비해 큰 대가를 바라거나 하는 일 없이 불평이나 늘어 놓으며, 남의 허물이나 들춰 내기에 바쁜이들이 많습니다.

아첨과 비위 맞추기로 힘센 자한테는 배추 속살 노릇을 하지만, 약하고 없는 자에게는 고양이 발톱이 되어 생쥐 다르듯 함부로 대하는 이도 있습니다.

마음의 변화가 깃털의 가벼움 같아 어디로 날아 갈지 알 수 없는 민들레 씨앗 같은 사람, 어찌보면 새 같고, 박쥐 같은 사람에 이르기까지 별의별 사람이 많습니다.

그러나 무엇보다도 중요한 것은 내 자신이 흔들림 없는 마음입니다.

모든 것은 마음에서부터 비롯됩니다. 마음을 부릴줄 아는 진정한 의미의 마음에 주인이 되어 밝은 마음, 열린 마음으로 살아가야 겠습니다.

209 | 기회는 자주 오는 것이 아닙니다

기회다운 기회는 사람의 일생에 세 번 찾아 온다고 그렇게들 이야기합니다.

그러나 둔한 사람은 기회가 온 줄도 모르고 서성이다가 기회가 지나간 뒤에야 가슴을 치며 아쉽게 생각합니다.

기회는 찾아오는게 아니라 스스로 만들어 가는 것입니다. 위기라는 말이 있습니다.

이것은 '위험과 기회' 라는 두가지 의미가 담겨진 말로서 잊어서는 안 되겠습니다.

위험한 상태에 처해 있을때 어떻게 처리해 나가느냐에 따라 또 하나
의 기회를 잡을 수 있다는 뜻이기도 합니다.

210 | 수행

올바른 방법으로 잘 수행해나가면 깨달음을 얻겠다고 굳이 뜻을 일
으키지 않아도 자연히 깨달음을 얻을 수가 있습니다

오늘은 이만큼의 번뇌가 사라졌고 내일은 저만큼의 번뇌가 사라질
것이라고 스스로 수행이 되어가는 정도를 알지 못합니다. 그러나 쉬
지 않고 수행에 전념하다 보면 어느 사이엔가 번뇌가 사라진 것을 깨
닫게 됩니다.

수행에만 전념하면 모든 번뇌는 점차 사라져버리고 마침내는 깨달
음을 얻게 됩니다.

211 | 만약에(1)

만약 우리가 존재하지 않는다면 우리는 명상도 할 수 없고 비어있음
을 깨달을 수도 없으며 또 온갖 사물에 접촉할 수도 없습니다.

우리가 존재하지 않는다면 대체 우리가 존재하지 않는다고 생각하는 그는 누구인가? 우리는 분명히 존재합니다. 다만 우리의 어리석음이 보는 것처럼 그런 식으로는 존재하지 않는 것입니다.

212 | 만약에(2)

만약 우리가 노란 색 안경을 쓰고 눈덮인 산을 본다면 그 산은 노랗게 보일겁니다.

그러나 그 노란 색 안경을 벗고 보면 그때는 희게 보일 것입니다.

모든 현상이 그 원인과 조건 그리고 우리가 그것들을 지각하는 방식과는 상관없이 따로 떨어져 존재하는 것처럼 보이는 것은 우리의 지각과 의식이 자기집착의 어리석음에 가려져 있기 때문입니다.

213 | 비난을 받아할 대상

이 타락의 시대에 인간으로 태어나 있는 우리의 현재 상황속에서 우리들 대부분은 의식의 흐름 위에 어두운 상념의 강한 인상들을 쌓아왔으며 그리하여 청산해야 할 많은 카르마의 빚을 지니고 있습니다.

우리가 지닌 모든 허물과 모든 문제는 사실상 자기 자신의 '안'에서 나오는 것이며 그 궁극적인 원인은 우리의 마음을 단지 한 사람 곧 자기 자신에게만 쏠리게 하는 어리석은 자기중심적 태도 때문이라는 것을 인식해야만 하겠습니다.

214 | 마음의 변화

누구나 나쁜 상황에 부딪치지 않을 때는 당연히 행복하고 고요하고 편안함을 느끼게 마련입니다.

그러나 어떤 어려움을 당했을 때 그저 보통 사람들과 마찬가지로 속이 상하고 괴롭고 흥분한다면 그것은 분명히 본인의 수행이 부족하다는 증거이며 더욱더 힘써야 하는 것입니다. 나의 수행이 얼마나 잘 되어 가는지를 헤아려 보는 데는 구태어 따로 스승이 필요치 않으며 그때그때 부딪치는 상황에 자기가 어떻게 반응하는지를 스스로 시험해 볼 수가 있기 때문입니다.

215 | 죽음과 덧없음

덧없음에서 벗어날수 있게 해주는 특별한 성품을 인간은 아무것도 가지고 있지 않습니다.

인간은 누구나 마치 도살장에 들어간 한 마리 소와 같습니다.

누가 먼저 도살되느냐 하는 점은 문제가 되지 않습니다. 언젠가 모두가 죽게 되니까요.

지혜롭지 않는 이라 할지라도 언젠가는 죽음이 닥친다는 것을 아주 잘 알고 있지만 그러나 그것이 딱! 언제 일어날지는 생각해보고 싶지 않습니다. 그러나 '나'라는 본인은 반드시 그 죽음의 시간적 불확실성을 뚜렷이 의식하도록 스스로를 훈련시켜야 합니다.

죽음을 의식하는 자체가 있기에 게으름을 피우거나 시간을 낭비하지 못하게 나를 일깨워주고 또한 수행에 대한 열의를 끊임없이 복돋아주는 힘이 있기 때문입니다.

진주산성

　비어있음을 깨닫는 것이 어리석음이라는 만성병을 고치는 가장 효
과적인 약입니다.

　이 약 자체가 뭔가 특별한 것이고 따로 자존한다고 여기는 것은 또
한 가장 어리석은 생각입니다.

　이 약 역시 비어있음 속으로 녹아들고 또 거기서 우러나오는 것이
어야 합니다. 본인이 비어있음에 대한 명상으로 들어갈때는 먼저 자신
의 존재에서 '나'라는 생각을 명상하고 그 마음까지 포함하여 밖의 현
상들에 대해 그것들이 스스로 있다고 보는 생각을 살펴보는 명상으로
넘어가봐야 하겠습니다.

217 | 나

　'나'라는 생각에 집착하기 때문에 그것을 더 뚜렷이 관찰할 수가 있
습니다.

　'나' 그다지 감정이 들끓지 않는 상황에서는 나는 그것이 어떻게 작
용하는지를 관찰할 수가 없으니, 아주 미묘하고 섬세하기 때문입니다.

평소의 생활이 궁핍하고 일이 자신의 생각대로 풀리지 않아 불우한 나날이 계속되면 자연히 주변에 대해서도 불친절하게 되고 남을 위해서 좋은 일을 하겠다는 생각도 줄어들게 됩니다.

세상을 원망하고 남을 불신하며 자기 중심적으로 사물을 바라보는 경향이 강해집니다. 그러므로 어느덧 사람됨이 악해지는 것입니다. 그럴때 스스로를 돌이켜보면 아무래도 자신은 비천하고 욕심이 많은 속물이 아닐까 하는 자격지심 마저도 들것입니다.

인간에게는 본래 악인이니 선인이니 하고 구별할 수 있는 구분이 있는 것이 아니라고 생각됩니다.

부처님의 가르침과 같이 사람은 행위에 의해서 선인도 되고 악인도 된다고 믿고 싶습니다.

2층 문화관

사람에는 여러 가지 유형이 있습니다. 마음의 때가 적은 사람이 있는가 하면, 마음의 때가 가득한 사람도 있습니다.

착한 일을 하는 사람이 있는가 하면, 악한 일을 하는 사람도 있습니다.

예를 들자면 빨강, 노랑, 파랑과 흰색의 갖가지 연꽃이 어우러져 피어 있는 연못이 있어, 그 중에는 아직 봉우리가 물 속에 잠겨 있는 연꽃도 있고 간신히 수면 위에 떠 있는 연꽃도 있으며 수면에서 훨씬 올라와 물에 젖지 않는 연꽃도 있는 것과 같습니다.

누구나 수행을 하면 적절한 단계를 거쳐 깨달음에 이를 수 있습니다.

달이 숨으면 사람들은 달이 사라졌다고 하고 달이 나오면 사람들은 달이 나타났다고 합니다.

그렇지만 달은 항상 상주하여 출몰하는 일이 없습니다. 불성도 그와 같아서 항상 상주하는 것으로서 생멸이 있는 것이 아니지만, 다만 사람들을 깨우치기 위해서 생멸을 나타내는 것입니다.

사람들은 달이 찬다거니 기운다거니 하지만, 달은 항상 차 있어 늘어나는 일도 없고 줄어드는 일도 없습니다. 불성도 역시 그와 같아서 항상 상주하는 것으로서 생멸이 있는 것이 아니지만,다만 사람들의 눈에 따라 생멸이 있는 것처럼 보일 뿐입니다.

221 | 재가생활의 허물 (1)
| ─ 큰 바다의 비유

바다로는 모든 강물이 다 흘러 들어가지만, 아무리 흘러들어도 바다는 조금도 늘어나거나 줄어드는 일 없이 모든 것을 받아들입니다. 그와 마찬가지로 세간의 집들에는 온갖 진귀한 보배나 재물들이 쌓여 있지만, 사람들은 잠시도 만족할 줄 모르고 끊임없이 그것들을 끌어 들이려 합니다 .

222 | 재가생활의 허물(2)
| ─ 부싯돌의 비유

부싯돌을 쳐서 내는 불꽃은 순간적으로 사라져 버리는 미세한 것이지만, 그 불똥이 한 포기 마른 풀에 옮겨 붙으면 온 산의 초목을 태

우게 됩니다.

　그와 마찬가지로 세간의 집에 머무는 탐욕의 마음은 처음에는 아주 작은 것일지라도 주변의 모든 것들에 대해 하나하나 욕심을 부려 나가다 보면 마침내는 도저히 끊을 수 없는 욕망의 일대 소용돌이가 되어 버립니다.

2층 문화관

223 재가생활의 허물 (3)
— 독약의 비유

맛있고 기름진 음식 속에 섞여있는 독약을 모르고 먹는 것처럼 세간의 집에 사는 사람들은 날마다 쾌락에 취해 살다가 자신도 모르게 탐·진·치의 3독에 중독되어 죽음에 이릅니다 .

224 재가생활의 허물(4)
— 폭풍의 비유

폭풍은 잠시도 같은 상태를 유지하는 일 없이 순간순간 새로운 바람으로 불어옵니다. 그와 마찬가지로 이 세상의 모든 것은 덧없고 그 실체가 없는 것임에도 불구하고 재가의 사람들은 망상을 일으켜 그것들이 마치 영원하고 궁극적인 것처럼 집착합니다.

225 재가생활의 허물 (5)
— 저택의 비유

저택은 온갖 가재도구, 재물, 사람들이 모여 생활이 이루어지는 곳

2층 문화관

입니다.

　사람들은 집을 짓고 거기에 살면서 그것을 자신의 것이라고 여기며 집착합니다.

　자신이나 자신의 가족들에게 관계된 것만을 끌어모으려 하여 가족들의 욕망의 덩어리가 축적됩니다. 그러나 출가생활은 거기에서 해방되는 것입니다.

226 | 재가생활의 허물 (6)
　　　ー 어린 딸의비유

　어느 부호의 어린 딸이 꿈 속에서 어느 집으로 시집을 가 아들 하나를 낳고 그 아들을 애지중지하면서 살아가고 있었습니다.

그러던 어느 날 그 아들이 누각에서 떨어져 호랑이에게 물려가는 것을 보고 깜짝 놀라 깨었습니다.

이 꿈과 같이 삶과 죽음을 거듭하는 이 세상은 일시적인 곳, 덧없는 곳임에도 불구하고 사람들은 그것을 참이라고 생각하고 거기에 집착합니다. 세속은 미혹된 윤회의 장소입니다.

재가의 생활은 윤회의 고통을 겪으며 삶과 죽음을 거듭하는 긴 꿈과 같은 것입니다.

2층 문화관

227 | 재가생활의 허물 (7)
── 부호의 아들의 비유

엄청난 재산을 지닌 대부호에게 한 아들이 있었습니다. 재산을 물려받아 집안을 이끌게 되었습니다. 부친의 가르침에 따라 기업을 잘 경영 했으면 좋았을텐데 그는 날마다 노는 데만 정신이 팔려 일을 게을리했습니다.

그러던 어느날 밤 그 집에 불이 나 그는 하룻밤 만에 전재산을 잃고 알거지가 되었습니다

여기에서 부호는 곧 부처님을 비유한 것입니다.

이 부호의 어리석은 아들처럼 제가에서 생활하는 이들은 부처님의 가르침에 귀를 기울이지 않고 욕망의 추구에만 관심을 기울이며 살아가고 있습니다.

228 | 재가생활의 허물 (8)
── 바위굴의 비유

어느 가난한 사람이 우연히 깊은 산의 바위 틈에 숨겨져 있는 금은 보배를 발견했습니다. 그는 곧 그것을 쓸 궁리를 했습니다.

커다란 집을 짓고 결혼을 하고 노비를 거느리고 가축을 사들이고 하는 따위의 여러 가지 계획을 세우며 행복한 생활을 꿈꾸었습니다. 그런데 그때 도둑떼가 나타나 그를 죽이고 그 보물들을 가로채버렸습니다.

이 이야기에서 깊은 산의 바위굴은 세간의 집을 의미하고 보물은 여러 생에 걸쳐 쌓아온 선근 도둑떼는 죽음을 비유합니다.

범부중생은 자신이 오랜 동안 쌓아온 공덕을 이웃과 더불어 나누려 하지 않고 스스로의 호사만을 추구하다가 마침내 죽음에 의해 그 선근마저도 잃어버리는 것입니다.

진주산성

229 | 재가생활의 허물(9)
— 바닷 속의 불의비유

　인도의 오래된 신화 가운데 바다속 깊은 곳에 꺼지지 않는 불이 있어 모든 강물을 태워버린다는 이야기가 있습니다.

　이와 마찬가지로 재가의 생활을 계속하면 사람들은 이윽고 욕망의 불길에 몸도 마음도 타버릴 것입니다.

　지금까지 아홉 가지 비유를 가지고 경전은 재가의 허물을 지적하면서 출가의 당위성을 강조하였습니다.

　아무래도 불교의 역사 속에서 출가주의의 전통은 대단히 뿌리깊은 것이었음을 살펴보는 한 단면이라고 생각됩니다.

230 | 마음을 지킵시다

　마음을 지키고 말을 조심하며 몸가짐에 항상 주의를 기울이는 사람은 번뇌를 만나도 괴로워하지 않습니다.

　마음은 엄격한 수련에 의해 형성되는 것으로 결코 처음부터 완성된 마음이란 없습니다.

　마음을 다스리는 것은 즐겁습니다.

　본인, 나부터 마음을 지켜야 합니다.

태만하지 말아야합니다.

마음을 지키게 되면 중생으로 인간에 태어났지만 사는 동안 본인은 항상 태어난 것을 기뻐하게 됩니다.

231 | 기회다운 기회

이 세상에서 가장 불쌍한 사람은 기회가 오지 않는다고 한탄하는

사람입니다.

이 세상에서 가장 비겁한 사람은 노력은 하지 않고 운명만을 믿는 사람입니다.

이 세상에서 가장 어리석은 사람은 한 말뚝에 두 번 넘어진 사람입니다.

추녀 끝에서 흘러내리는 빗방울이 섬돌에 구멍을 만듭니다.

기회는 저절로 오는게 아니라 스스로의 노력으로 완성해 가는 것입니다.

232 | 중생이란!

세존께서 말씀하셨습니다.

'자신의 육신에 대해 탐욕과 애착을 품고 그것에 집착을 하여 사로잡히는 것이 중생이다. 또 감각이나 마음 속에 일어나는 생각, 의지, 분별 따위에 탐욕과 애착을 품고 그것에 집착하여 사로잡히는 것이 중생이다.'라고 하셨습니다.

중생이란 본래 곧 사라져 버릴, 다시 말해 집요하게 집착할만한 가치가 없는 존재임에도 불구하고 인간은 꿈 속을 헤매듯이 자기 자신에 대해 탐욕과 애착의 마음을 일으킵니다.

이것이 중생의 참모습이라는 것입니다.

속담에 '정승집 개가 죽으면 문상객이 줄을이으나 정작 정승이 죽게
되면 문상객이 하나도 없다'는 말이 있습니다.

정승은 요즘의 장관에 해당되는 벼슬입니다.

1953. 참전국 부대

정승집의 개가 죽으면 정승한테 잘 보이기 위해 개의 죽음을 슬퍼하는 행렬이 숱하게 많으나, 정승이 죽게 되면 오히려 문상객이 줄어든다는 교훈적인 속담입니다.

정승의 죽음은 곧 벼슬이 떨어짐을 의미하고 벼슬이 없는 사람의 죽음은 슬퍼할 필요도 없다는 얄팍한 현실적인 계산이 우선이기 때문입니다.

(아침 햇살처럼 밝은 미소는 마음에 없습니다.)

234 | 어리석음

3독에 물든 범부중생은 향을 사루어 그 냄새를 즐기지만 향은 이미 재가 되고 마는 것과 같이 자기 자신을 소멸시킵니다.

또 아이들이 칼날에 묻은 꿀을 탐하는 것과 같습니다.

한 번 입에 댈 것도 못 되는데, 어린애들은 그것을 핥다가 혀를 상합니다.

또한 횃불을 들고 바람을 거슬러 가는 것과 같아서 반드시 손을 태우는 화를 입게 됩니다.

이 세상에 존재하는 것들은 영원한 것이 하나도 없어서 모든 사물들은 순간순간 변해가고 소멸 되어 갑니다.

과거의 기억은 꿈과 같다고 보아야 하고, 현재 감각하고 있는것은 번개불과 같다고 보아야 하며, 미래에 일어날 지각은 허공 가운데 뜬구름이 돌연 나타나는 것과 같다고 보아야 합니다.

진주산성

마음먹은 대로 되지 않는 곳이 이 세상입니다.

그것을 불교에서는 사바세계라고 표현합니다.

인내심을 기르는 세상, 참고 살아가지 않으면 안되는 세계를 말합니다.

사바세계란 모든 것이 생각대로 되지 않기 때문에 참고 견디지 않으면 안되는 세계라는 뜻입니다.

부귀영화는 반드시 소멸하며 재물은 반드시 흩어져 버립니다.

(새가 밤에는 한 나무에 깃들었다가도 아침이 되면 사방으로 날아가 버리는 것처럼.)

늙음도, 질병도, 죽음도 사람들에게는 삶 이상으로 필수불가결한 것이라고 생각하지 않으면 안됩니다.

늘음이 있기 때문에 젊음의 가치를 알 수 있고, 질병이 있기 때문에 건강의 소중함을 느낄 수 있으며, 죽음이 있기 때문에 삶의 기쁨을 깨달을 수 있는 것입니다.

다만 삶의 기쁨에 집착하기 때문에 사람들은 죽음을 그토록 고통스러운 것으로 여기는 것입니다.

239 | 집착

집착한다고 하는 마음의 작용은 그것이 좋은 것이든 나쁜것이든 무작정 그것에 매달리는 것입니다.

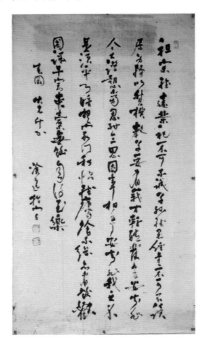

예를들어보면 특효약이라고 해서 아무 병에나 효과가 있는 것은 아닐 것입니다. 그러나 사람들은 일단 특효약이라고 인정되면 그것이 어느 병에 어떻게 특효가 있는지는 알려고도 하지 않고 무조건 그 약을 사용하려 합니다.

효과가 있다는 그 한 가지 점에는 집착하기 때문입니다.

240 │ 불성*

달은 거리에도, 마을에도, 산에도, 강에도, 연못 속에도, 물항아리 속에도 풀잎 끝에 맺힌 이슬에도 나타납니다.

그믐달 밤에는 하늘에 아무 것도 보이지 않지만, 그렇다고 달이 없어진 것은 아닙니다.

며칠 지나면서 다시 보름달을 볼 수가 있습니다.

보름달 밤에도 그믐달 밤에도 달은 똑같이 존재하는 것입니다.

그와 같이 불성도 지금 보이지 않는다고 해서 그것이 존재하지 않는다고 해서는 안됩니다. 다만 범부중생들은 그것을 볼 수 없을 뿐입니다.

---

*불성(佛性) : 부처를 이룰 수 있는 근본 성품.

궁핍한 사람은 궁핍한 가운데 불타는 욕망이 있습니다.

재산, 지위, 명예 등을 얻고자 하는 욕망으로 불타고 있습니다.

부유한 사람은 부유한 대로 불태우는 욕망이 있습니다.

이미 지니고 있는 재산을 잃지 않으려 할 뿐아니라 더욱 더 늘리고
자 하여 재물의 노예가 됩니다.

남녀노소, 빈부귀천을 막론하고 사람들은 모두 욕망의 불길에 사로
잡혀 있습니다.

광산김씨 녹폐

불길에 휩싸여 괴로움에 허덕이면서 현실을 맴돌고 있습니다. 사물들도 욕망의 불길에 의해 변형된 모습으로 굼실거리고 있습니다.

참으로 모든 것은 불타고 있습니다.

242 | 소중함

사람의 목숨은 참으로 무상한 것입니다.

늙음도 질병도 절대로 피할수 없습니다.

그 고통을 누군가가 대신 받아주거나 거기에서 영원히 벗어나게 해줄 수도 없습니다.

그러한 사실을 있는 그대로 받아들이고 직시하면서 살아가지 않으면 괴로움에서 벗어날 길이 없는 것입니다.

늙지 않으려고 여러 가지 회춘제를 복용하고 불로장생의 영역을 구하지만 아무런 소용도 없는 일이라고 하지 않을 수 없습니다.

어릴 때에는 빨리 나이를 먹고 싶어하지만 늙어서는 다시 젊어지려고 노력합니다.

나이가 들어 봐야 젊음의 고마움을 알 것입니다.

병을 앓아 보지 않고서는 건강의 고마움을 모릅니다.

병이 들어야 건강한 신체가 얼마나 복된 것인가를 깨닫게 됩니다.

*아픔이 없다면 사람들은 자신의 신체를 소중히 여기지 않을 것입니다.

243 | 무소유 (집착)*

불교에서는 무엇보다도

집착 그 자체를

경계합니다..

---

*무소유(無所有) : 불교에서는 불필요한 세속적 욕망이나 집착에서 벗어나면 완전한 마음의 자유에 이르게 된다는 사상.

사람은 누구나 죽지 않기를 바랍니다.

그러나 만일 소원대로 불사신이 된다면 어떻게 될까? 생각해봅니다.

아마 지루해서 못견디지 않을까 생각됩니다.

주변의 모든 것들이 순간순간 사멸해가는데 자기만 홀로 남아서 영원히 죽지 않으며 늙어간다고 생각해 봅시다.

비참하고도 따분할 것입니다.

또한 언젠가는 죽고 싶다는 생각도 들게 될 것입니다.

살고 죽는 것의 고마움을 스스로 알수는 없습니다. 그러나 다소 허

---

*영생(永生) : 열반과 같은 뜻. 열반은 생사를 해탈해서 나고 죽음을 초월한 경지.

황된 이야기일지는 모르겠지만 영생을 생각할 때 비로소 죽음의 고마움을 알 수 있게 되지 않을까? 생각됩니다.

이 세상의 모든 사물들은 거미줄처럼 서로 뒤얽힌 가운데 유기적인 인간관계 속에서 존재합니다.

어떠한 상호대립적인 입장도 실상인 동전의 안팎과 같은 관계를 유지하고 있습니다.

자신의 욕망대로 자기에게 편리한 것만, 자기가 좋아하는 것만을 취하려고 하는 태도는 헛된 욕심에 불과합니다.

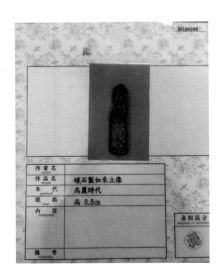

한쪽을 선택하려면 다른 한쪽도 함께 취하지 않으면 안됩니다. 버리려면 같이 버려야 합니다. 이것이 평등이라고 볼수 있습니다 .

246 | 마음의 상태

본래 자신의 소유가 아닌 것을 잃어버리거나 부숴뜨렸을 때 사람들은 노여움이나 안타까움을 조금도 느끼지 않는 것처럼 중생들은 '나'라느니 '나의 것'이라느니 하는 이 '나'라는 속박에서 벗어나게 되면 아무런 슬픔이나 아픔, 분노나 증오 따위를 일으키지 않게 됩니다.

마음이 청정하다는 것은 이 '나'라는 속박으로 해방된 마음의 상태를 의미합니다.

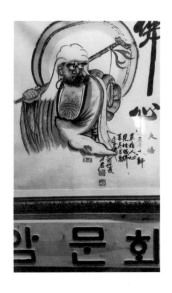

247 │ 버릇

'세 살 버릇이 여든까지 간다'는 속담이 있습니다.

'선가귀감'이라는 서산대사의 저서에 보면, 이치는 단번에 깨달을 수 있어도 버릇은 한번에 고칠 수 없다고 지적하고 있습니다.

사람의 성격이 열 살 미만에 대부분 형성되듯이 사람의 버릇도 어린 시절에 익힌 습관이 일생 동안을 그림차처럼 따라다니며 결국엔 떨칠 수 없는 버릇으로 남게 됩니다.

(지극히 옳은 말을 세겨봅시다.)

248 │ 번뇌

어떤 이가 독화살에 맞았습니다.

주위에서는 모두들 빨리 화살을 뽑고 치료를 해야 한다고 하는데, 그 맞은 화살의 재질이나 종류, 독의 성질 등을 알아야 치료를 받겠다고 떼를 씁니다.

그러나 그와 같이 고집만 부린다면 그는 그것들을 알아내기도 전에 온몸으로 독이 퍼져 죽을 것입니다.

어미닭이 알을 품는 일을 등한시하고 모이나 찾아 헤멘다면 병아리는 부화하지 못할 것입니다.

그런 과정에서 부화된다 할지라도 병아리는 자기 힘으로 껍질을 깨고 나오지 못할 것입니다.

그러나 어미닭이 알을 정성껏 보살피고 지극 정성으로 품는다면 어미닭이 특별히 알에서 병아리를 끄집어 내려고 애를 쓰지않아도 병아리는 자기 스스로의 힘으로 무사히 껍질을 깨고 나오게 될것입니다.

이 맘때면 오는 휘파람새 오늘도!

새벽부터 지저대는 휘파람새 이 적막한 이른 세벽에 겨울내 안거중인 만물을 깨우는 소리인지…

단잠을 깨운 휘파람새!

이 참에 선원을 돌아보니 주위 전체가 온통 파릇파릇한 세상일세!

아! 모든 만물이 봄맞이 시작되었네.

예를 들어 봅니다. 어느 푸줏간 주인이 살을 모두 발라내어 먹을 것이 없는 뼈다귀를 굶주린 개에게 집어 던졌습니다.

그 개는 정신없이 덤벼들어 허기를 면하려고 하지만 그 뼈다귀에 집착한 만큼의 참된 만족은 얻을 수가 없었습니다. 그와 마찬가지로 욕망의 포로가 되어 있는 한 인간은 참다운 마음의 평안이나 항구적인 안정을 느낄 수가 없습니다.

그저 고락을 반복할 뿐입니다.

악기에서 아름다운 소리가 납니다.

그러나 그 아름다운 소리가 어디에 들어 있는가는 알 수가 없습니다.

아름다운 소리가 악기에서 나오는 것은 분명하지만 그것이 악기의 어디에서 나오는지 확실하지 않기 때문에 악기에는 소리가 있다고 할 수 없습니다.

그러면 악기에는 소리가 없는 것일까?

악기를 조립하여 연주하면 아름다운 소리가 나오는 것이 사실이기 때문에 없다고 할 수가 없습니다.

253 | 허약한 사람

'자라 보고 놀란 사람은 솥뚜껑 보고도 놀란다'라는 속담이 있습니다.

허수아비는 사람이 아닙니다 그런데 참새들은 사람인줄 알고 허수아비가 바람에 흔들리면 새는 도망가기 바쁩니다.

허약한 사람은 귀신을 봅니다. 귀신은 사람의 그림자에 불과합니다. 또한 귀신은 이미 죽어있는 가상의 대상입니다.

살아있는 사람이야 말하자면 살아 있는 귀신입니다.

귀신과 도깨비등은 사람이 사람의 상상력으로 만들어진 허깨비에 불과합니다.

255 | 지나친 오해

새끼 제비 한 마리가 있었습니다.

날아다니는게 서툴러서 잠자리도 제대로 잡을 수가 없는 모습입니다.

그러던 어느날 거미줄에 매달린 채 잠자고 있는 왕거미 한 마리를 발견하였습니다 .

새끼 제비는 왕거미가 잠을 자고 있어 잠자리를 잡는 것보다 훨씬 쉬운 사냥감으로 생각이 들었습니다.

그래서 살금살금 여유 있게 날아가 날아가 왕거미를 잡기로 하였습니다.

그러나 거미줄은 생각보다 강하고 끈끈해 새끼 제비는 그만 거미줄에 걸리고 말았습니다.

새끼 제비는 날아가려고 움직이면 움직일수록 거미줄은 끈끈하게 새끼제비의 날개와 깃털에 감겨왔습니다.

새끼 제비는 그 왕거미의 독침을 맞고 정신이 가물거리면서 신음소리를 뱉어내며 후회가 밀려왔습니다.

이것은 나의 오해였어.

왕거미가 나의 먹이라고 생각하다니, 큰 오해는 결국 죽음까지 부르는군.

256 │ 불성안에 또 하나의 불성

가난한 사람이 밤낮없이 남의 재물을 헤아린다 할지라도 스스로의 재물은 한 푼도 늘어나지 않습니다.

단지 옆에서 듣기만 하는 이도 같습니다.

또한 장님이 그림을 그린다면 다른 사람에게는 보여줄 수 있어도 스스로는 그것을 볼 수 없는데, 단지 듣기만 하는 사람도 역시 그와 같습니다.

또 목마른 자가 아무리 물가만 맴돌아도 그 물을 직접 떠마시지 않

으면 결국 갈증으로 죽게 될것이고 또 얘기로 듣기만 하는 이 역시 그
와 같습니다.

257 | 부처님! 거룩한 부처님

부처님! 전생에 떠돌아 다니던 나의 정신 세계에 한 배 올립니다.

부처님! 현재 몸과 같이 존재하는 나의 정신 세계에 또 한 배 올립
니다.

부처님! 미래에 곧 이탈 될 나의 정신 세계에 또 한 배 올립니다.

부처님! 과거에서 현재까지 나의 정신 세계가 올바르게 이어져 왔다면 곧 미래에도 그 끈이 이어져 초심을 잃지 않게하게 하여 주시옵소서.

258 | 세월은 총알처럼 빠르다

어린 시절, 열 살, 열 다섯 살, 스무 살 까지는 세월이 거북이처럼 엉금엉금 기어가게 느낍니다.

서른 살이 되고, 마흔살이 되면 세월은 거북이에서 토끼로 변해 달음박질을 치기 시작합니다.

그렇게 마흔 살을 넘기고 보면 세월은 거북도, 토끼도 아닌 잘 달리는 경주마가 되어 버립니다.

그래서 나이드신 노인들에게 있어서 세월은 총알처럼 빠르다고 느껴지는 것입니다.

♡세월이 흐른 뒤에 아쉬움으로 누구나 십 년만 젊었으면 하고 이루어 질 수 없는 희망만을 안고 삽니다. 되돌아봅니다. 살아온 세월 ,참다운 시간, 알찬시간을 보냈는지를…….

목적이 올바른 것이면 수단과 방법도 바른 것이어야 합니다.

목적 달성을 위해서 수단과 방법을 가리지 않겠다는 생각은 지극히 위험스러운 발상입니다.

도적들이 도둑질을 할 땐 자기와 자기의 가족을 위해서합니다.

그러나 물건을 잃은 사람과 그 가족은 얼마나 슬픔에 잠겨 고통의 나날을 보내겠습니까?

본인도 잘 살고 상대도 잘 사는 길은, 올바른 노력과 올바른 생활에서 비롯되는 것입니다.

베풀고 나누는 기쁨은 혼자만이 마시고 먹는 기쁨보다 몇 십 배 큰 것이며 아름다운 것입니다.

서로 서로 나누는 기쁨은 세상을 살아가는 데 있어 가장 큰 기쁨임을 잊지 말아야겠습니다.

탐욕과 분노와 어리석음을 이야기하는 3독이라는 번뇌는 본래 실재하는 것이 아닙니다.

3독의 번뇌는 마음이 여러가지 작용을 하는 중에 일으키는 마음의 일부 부분적인 작용에 불과합니다.

깨달음을 구하는 마음도 역시 3독의 번뇌가 일어나는 것과 마찬가지로 마음의 작용 속에서 일어나는 한 측면에 지나지 않습니다.

석가모니 부처님은 본래 인간의 본성에 대하여 선이라든가 악이라든가 하고 단언하신 적이 없습니다.

사람들의 온갖 행위 속에서 마음의 여러가지 자극에 반응하여 선으로도 악으로도 작용하는 것일 뿐입니다.

불교인의 참된 삶은 세속을 부정하는 가운데 있는 것이기 때문에 세속적인 견해로 본다면 도덕을 부정하는 것 같아도 출가 수행자에게는 지극히 당연한 것일 수도 있습니다.

불교의 가르침을 제대로 이해하기 위해서는 항상 그것이 출가 수행자에게 설해진 것인지, 재가 불자에게 설해진 것인가를 확실히 구별해서 보아야 한다고 생각됩니다.

불교에서 이야기하는 악이란 무엇일까?

근본적으로는 사물에 집착하는 마음의 작용을 말한다고 해야 할 것입니다.

악한 마음이란 본래 존재하는 것이 아닙니다. 악도 마음의 작용의 한 측면일 것입니다. 다만 사물에 사로 잡히는 마음의 작용이 인간의 온갖 어리석음과 괴로움을 일으키고 있는 것으로 볼수 있습니다.

262 | 5온*

우리들은 언제나 '나'와 '나의 것'이라는 관념을 중심으로 살아가고

---

*5온이란 색(물질) 수(감각) 상(생각) 행(의지) 식(의식) 입니다
　특히 수, 상, 행, 식이 결합된것이 우리들의 마음입니다.

있습니다.

실제로 이 '나'라는 것을 부정하면 생활이 성립되지 않을 것입니다.

내가 한다, 내가 한 것, 나의 업적, 내 생각 등등이 '나'로 말미암아 이 세상이 존재하는 것처럼 생각됩니다.

'나'라는 것은 본래 존재하지 않습니다.

'나'는 5온의 모임으로 이뤄졌다고 합니다. 즉 이 다섯 가지 요소도 '나'는 아니라고 합니다. 또 그 다섯 가지 요소를 떠나서도 '나'는 존재 하지 않는다고 불교에서는 가르치고 있습니다.

263 | 모종이 눈을뜨다

한 달전에 씨를 뿌렸습니다.

새싹이 돋아나 밭으로 나갈 준비가 다 되었습니다.

곧 자연에 첫 출발을 할것입니다.

이 세상의 모든 일은 마음을 바탕으로 하고 마음처럼 발 빠르게 움직일 것입니다.

264 | 마음

마음은 아무 방향으로나 치달립니다.

마치 햇빛처럼.

그 때문에 현명한 사람은 마음을 다스립니다.

마음은 태아와 같은 상태에 있어서 견고하지도 못하고 무언가를 볼 수도 없습니다.

나는 항상 이 마음에 대해 타이릅니다.

'나를위해 그렇게 해서는 안 되니 밖으로 나오지 말라'고.

진주산성

지붕을 엉성하게 이어놓은 집으로 빗물이 스며드는 것처럼 마음을 닦지 않으면 탐욕이 마음속으로 침입해온다.

지붕을 엉성하게 이어놓은 집으로 빗물이 스며드는 것처럼 마음을 닦지 않으면 애착이 마음속으로 침입해온다.

266 | 독약

번뇌는 사람들의 몸에 치명적인 해를 주는 독약에 비유하기도 합니다.

번뇌에 시달리는 사람은 마침내 몸과 마음을 모두 해치게 되므로 이와 같은 표현을 씁니다.

탐욕과 분노와 어리석음을 3독이라고 부르는 것도 같은 예입니다.

267 | 멍에*

번뇌는 사람들이 재물이나 명예, 지위 따위에 집착함으로써 생겨나
는 것이기 때문에 사람들과 그 집착의 대상물을 잡아매는 역활을 한
다고 생각됩니다.

따라서 번뇌는 수레의 멍에와도 같다고 합니다.

268 | 성자 (1)

모든 것을 이기고 온갖 것을 알며 지극히 총명하고 여러 사물에 사
로잡히지 않으며 모든 것을 버리고 애착을 끊어 해탈한 사람, 그런 사
람을 현명한 이는 성자라고 부릅니다.

269 | 성자(2)

스스로를 자제하여 젊어서나 나이가 들어서나 자신을 억제하는 사
람, 남을 괴롭히지도 않고 남에게서 괴로움을 받지도 않는 사람, 그런
사람을 현명한 이는 성자라고 부릅니다.

_____

*멍에 : 쉽게 벗어날 수 없는 구속이나 억압을 비유적으로 이르는 말.

만일 물이 흙탕물로 흐려져 있다고 한다면, 그 물에도 역시 자신의 얼굴을 있는 그대로 비춰볼 수 없을 것입니다.

그와 같이 항상 의심이 깃들어 있어 믿으려는 생각이 없는 마음으로는 이 세상 어느 것도 올바르게 볼 수 없을 것입니다.

불교에서 이야기하는 연기의 이치란 오래된 성과 같은 것으로서 그 이전에도 누군가에 의해 알려져 있었을 것임에 틀림이 없습니다.

여래께서 이세상에 나오건 안 나오건 간에 진리는 영원히 존재하는 것입니다.

여래는 다만 그 진리를 깨닫고 사람들에게 가르치는 것입니다.

심리학자들은 인간의 심리를 연구하여 객관적인 근거로 사람들의 마음을 읽어 보려고 노력하고 있고, 또 일부는 읽어내고 있습니다. 그러나 아무리 심리학자라 할지라도 자기 자신의 마음은 읽어내지 못합니다.

만일 자신의 마음을 잘 읽을 수만 있다면 그사람에게는 마음의 동요나 번뇌 따위가 전혀 없을 것이고 항상 안정된 상태로 지낼것입니다.

그러나 그런 사람은 지구에서 찾아 볼수 없습니다.

경각

지은이__강희준

.

펴낸곳 __ 뱅크북
등록번호 __ 제2017-000055호
주소 __ 서울시 금천구 시흥대로123다길
전화 __ (02)866-9410
팩스 __ (02)855-9411
이메일 __ san2315@naver.com

제1판 제1쇄 인쇄 __ 2024년 4월 1일
제1판 제1쇄 발행 __ 2024년 4월 5일

ⓒ 강희준, 2024, Printed in Korea

.

ISBN 979-11-90046-60-2 03220